U0659947

十大华人科学家丛书

孟宪明 主编

李远哲传

朱 丹 孟繁玲 编著

河南文艺出版社

·郑州·

图书在版编目（CIP）数据

李远哲传/朱丹,孟繁玲编著. —郑州:河南文艺
出版社,2017.11(2019.3重印)
（十大华人科学家丛书/孟宪明主编）
ISBN 978-7-5559-0622-3

Ⅰ.①李…　Ⅱ.①朱…②孟…　Ⅲ.①李远哲
（Lee,Yuan Tseh 1936-　）-传记　Ⅳ.①K837.126.13

中国版本图书馆 CIP 数据核字（2017）第 269822 号

出版发行　河南文艺出版社
本社地址　郑州市鑫苑路 18 号 11 栋
邮政编码　450011
承印单位　三河市明华印务有限公司
经销单位　新华书店
开　　本　890 毫米×1240 毫米　1/32
印　　张　5.5
字　　数　99 000
版　　次　2017 年 11 月第 1 版
印　　次　2019 年 3 月第 2 次印刷
定　　价　24.00 元

版权所有　盗版必究
图书如有印装错误,请寄回印厂调换。
印厂地址　三河市杨庄镇北寨村
邮政编码　065200　　电话　0316-3661243

目　录

一

美国社会学家哈里特·朱克曼研究了92位在美国获得诺贝尔奖的自然科学家的生平历史,说了这样一句话:对他们的成长最起作用的是教育环境而不是富裕家庭。

二

新竹小学在桌球比赛中赢得冠军,李远哲跑到校长面前重提昨日拜神之事:"校长,你看,我昨天说希望我们打败,结果我们还不是打赢了吗？是我们技术好,并不是神灵保佑。"

三

真正的光明绝不是永没有黑暗的时间,只是永不被黑暗所掩蔽罢了。真正的英雄绝不是永没有卑下的情操,只是永不被卑下的情操所屈服罢了。

四

真正做出一些事情来的人,往往是紧跟着问题,紧追不舍,追根究底的人。

五

就学术环境来看的话，跑到美国的一流大学，是比在台湾受教育要好很多，因为这些一流大学有很多懂得科学的人。如果有机会到很好的学校里面做研究工作，大概还是值得到国外去念书的。

六

李远哲用一年半的时间,完成了世界上第一台大型交叉分子束实验装置的试验,且一次装机成功。这是一项通向诺贝尔奖领奖台的艰难试验,他在"整整的一年中没有一天睡足6个小时",被称为"物理化学界的莫扎特"。

七

李远哲荣获1986年诺贝尔化学奖的消息传来,面对巨大的荣誉,他平静地说,科学家获奖并不是很重要的事,但一个社会标榜科学家却是很重要的。原因是科学的研究是个很大的社会活动,而科学的活动在一个社会是非常必要的。

八

　　每一个成功的男人身后，都站着一个伟大的女人。李远哲身后站着的是他的妻子吴锦丽女士，一位聪明美丽而又温柔贤惠的东方女性。李远哲说："我所做的每一件事，都是我们夫妻两个人的。"

九

　　居住美国多年且已加入美国国籍的李远哲，深深眷恋着生他养他的家乡故土，故国永远在他心中。

十

身为国际一流的科学家,李远哲站在世界的高度,关心地球的命运和前途,考虑整个人类社会的进步与发展。

一

　　美国社会学家哈里特·朱克曼研究了92位在美国获得诺贝尔奖的自然科学家的生平历史,说了这样一句话:对他们的成长最起作用的是教育环境而不是富裕家庭。

1. 钟灵毓秀

　　在台湾西北部平原上,坐落着一个古老的城镇——新竹,它临海而立,与大陆隔水相望,与福建省平潭县相距仅130公里。在明末郑成功收复台湾以后,这里的生产、商贸、民居粗具规模。清康熙年间,在台湾设府,分为台湾、凤山、清罗三县,当时新竹称竹堑,为清罗县辖区。1874年,清政府在台湾设二府八县三厅,"竹堑"改为"新竹",为八县之一。1930年,在新竹县内设新竹市。1982年新竹由县辖市改为省辖市。

　　新竹雨量充沛,盛产甘蔗、水稻、茶,渔业资源丰富,海盐质量上乘,历来是台湾岛上经济富饶、文化发达的重镇之一。新竹境内北有头前溪,南有客雅溪,向南偏东有十八尖山、古奇峰。站在峰巅,放眼望去,两条溪水犹如两匹彩带镶裹着新竹这颗明珠。客雅溪畔的青草湖明镜一般,辉映着蓝天白云,远处丘陵逶迤,青松白沙,真是风光明媚。纵贯台湾南北的高速公路和铁路从此穿过,可北上台北、基隆,南下台中、台南和高雄,乘汽车到桃园机场仅40分钟路程。

新竹素有尊师重教的传统,"风俗不能皆醇,以人才化之;人才不能常盛,以学校陶之"的观念颇深,在办学方面堪称台湾之冠。20世纪50年代以后,台湾当局在这里相继创办了交通大学、台湾"清华大学"、"中央大学"、中原大学、中正理工学院、工业技术研究院等十多所高中等专业院校,著名的科学工业园区也建在这里。

钟灵毓秀、山清水秀、土肥地美的新竹从19世纪到20世纪的100多年间,出了两个有名的人物:一个是清道光年间,官至礼部铸印局员外郎的郑用锡,他是台湾赴朝廷做官的第一人;另一个就是本书的主人公李远哲教授,他是炎黄子孙中获得诺贝尔化学奖的第一人。

2. 父亲

1894 年, 中日战争爆发。翌年, 清政府屈服于日本军国主义的淫威, 签立了丧权辱国的《马关条约》, 将台湾全岛和澎湖列岛割让给日本, 台湾从此开始了黑暗漫长的 50 年日据时代。1906 年, 日本殖民统治的第 12 个年头, 李远哲的父亲李泽藩在这艰苦困难的岁月中降生到了世上。由于日本殖民当局在台湾实行政治上奴役、经济上掠夺、文化教育上隔绝的政策, 台湾人民过着贫穷困苦的生活。在这种社会大环境下, 受本分的家庭教育熏陶, 李泽藩从小就养成了循规蹈矩、节俭勤劳、努力上进的性格, 这是中国知识分子成长过程的典型性格。他深知生活之不易, 读书之重要。幼年上私塾时, 他总是早早带上凳子, 第一个来到学堂。他寡言、勤奋, 成绩优良, 学习极为刻苦。晚上他常常跑到店铺里去, 伫立在屋檐下或墙角边借光看书。如果附近的店铺人多生意好, 或者是生意清淡的店铺关门早, 他都要跑得再远一些, 以找到一个较好的念书场所, 有时一个晚上要换几家铺子。后来他以优异的成绩考入了台北师范学校, 这期间他受到日籍美术教师石川先生的影响, 对绘画产生了浓厚的兴趣, 整日潜心于绘画的学习研究之中。

绘画最能抒发人对理想的追求, 满足人对美的渴望。李泽藩先生的画中有高山流水,有蓝天白云,有田园牧歌,有绿叶红花,他用画笔展现了胸中丘壑,他用丹青讴歌了大自然的美好和人类的善良。李泽藩画的竹、松、兰最能使人感受到高洁的格调,画其实是他淡泊名利、宁静自得的写照。他画起来很投入,每次都沉醉于中。许多次野外写生,不到天黑就想不起归家。有时他在画室里一待就到深夜,直到他双眼布满血丝走出来时,神思还沉湎于画的意境中。工作没有使他感到疲惫和厌倦,劳作的辛苦和创造的满足在他身上得到了最和谐的统一。许多年后,李远哲回忆父亲时说道:"作画是他的嗜好,也是他的专长,辛勤的工作与享受,对他来说永远没有矛盾。"

1989 年,李泽藩先生去世,李远哲满怀深情地写了一篇文章《我的父亲》,借以寄托他对父亲的哀思。从下面的文字中,我们可以明白一个道理:伟大人物的成功得益于一个良好的成长环境。

　　我们从小便在严格的家教里学到勤俭、上进与敬业的美德,虽然从事管教工作的是深思熟虑、思想较细致的妈妈,但父亲的身教确实非常重要。

　　科学的创造与艺术的创造没有根本的不同,每次在实验室里绞尽脑汁想解决充满矛盾的实验时,就会想起不厌其烦追求完美的父亲。

我在家里最喜欢看父亲用他的巧手创造无穷无尽的新东西与艺术作品,他的手可以修好任何东西,也常不拘传统地做新的尝试。

在新竹,教书先生一向受人敬重。李泽藩先生从台北师范学校毕业后,在新竹小学当了教师。李先生主教绘画,有时还兼教体育和文理上的其他科目。李先生宽广的知识面和端正的品行使他在学校和地方都有很好的口碑。李先生虽然处世随和,为师却很严格,在学生面前从不轻易谈笑,学生都敬畏他的威严。日本投降后,李泽藩却像换了个人一样,家里常常会聚了他的学生,他们在一起轻松谈天,在画上论经说道。李远哲在回忆父亲的文章中描述了父亲在这一时期的变化:"在新竹小学当老师的父亲是位非常严格的老师,学生怕他多于敬他。但台湾光复后转到新竹师范任职的父亲,却是位能令学生亲近的好老师。每每看到客厅里聚了不少父亲班上或是学习美术的学生。"台湾回归祖国给李先生带来的性格上的变化,折射出了李先生在日据时代精神受到的压抑和他的爱国思想。

李泽藩先生为人随和,观念上能顺应历史的发展和变化。有一次一个朋友来到李泽藩先生家中,怒气冲冲地谈起了女儿的婚事,说自己真搞不懂女儿怎么这样傻,会看上一个家庭不怎么样、职业也不怎么样的男孩子,无论怎样劝说,一向听话的女儿竟毫不改变初衷。李先生听了朋友的诉苦，劝说朋友不要将自己的看法、自己一代人的观念强加给与自己不同阅历、不同价值标准的另一代人，应该尊重年轻人的爱情选择，自己的看法和考虑只供年轻人参考。李先生深知古语"三军可夺帅也，匹夫不可夺志也"的道理，他也非常尊重学生和自己儿女们的兴趣和个性，他常说：孩子应该让他们自由发展。李先生的开明形象受到了学生和儿女们的爱戴和尊重。

李泽藩还是位慈祥的父亲，闲暇之时，他常常带着儿子到青草湖畔垂钓，儿子心急，鱼儿刚刚咬钩就往上拉，李泽藩对儿子说："钓鱼和做其他事一样，要有耐心。鱼儿也会斗心眼儿，它在饵旁转呀游呀，看看是否可以吃下这顿美餐。为了安全它会撞碰一下鱼钩作为试探。你如果沉不住气把钩拉上来，鱼儿就游走了。钓鱼是和鱼儿比耐心。"父亲的话令儿子感到很值得寻味，随便的话语里透出生活的道理。

李先生还常带着妻子、儿女去野外写生。这时候他把自己融进大自然中，远离了尘世的喧闹和忧虑，躺在大地的怀抱里，阳光拥抱着自己，这是多么美好的时光。李泽藩此时只有一种似醉非醉、似醒非醒、似仙非仙的朦胧感。受李先生的感染，全家都沉浸在这幸福的时光中。直到传来火车的轰鸣和汽笛声，他们才如梦方醒地回到现实的世界。

虽然幼年生活在一个清贫的家庭、一个充满忧患的时代，但有一个慈爱和祥、堪为师表的父亲，却是李远哲十分幸运的事情。

李远哲有一段深情的话回忆父亲："奔忙于世界各地，每每在头发花白的年长人脸上，看出他们一辈子努力奋斗的痕迹时，便又不禁想起勤俭的父亲，内心泛起无比的温暖。"

读到上面这些文字时，让人油然想起朱自清先生记述父亲的那篇散文《背影》。是母亲孕育了生命，是父亲养育了天才。

"知子莫如父，知父莫如子。"父子情深是大多数华裔诺贝尔奖获得者的共同感受，从而验证了"父亲是最好的学校"那句话。

3.快乐幸福的大家庭

李远哲的母亲李蔡配女士是一位知书达理的新女性，比起同时代的妇女，思想和观念都是比较先进的。同时，她还具备吃苦耐劳、聪明善良、贤惠温柔的中国传统妇女美德。她不仅与丈夫一起承担着养家糊口的责任，还挑起了相夫教子的重担。她和丈夫共生育了 5 男 3 女 8 个孩子，在这个 10 口人的大家庭里，她扮演着贤妻与良母的双重角色。她精心操持着家庭的生活和事务，让孩子们吃得好，穿得干净，长得健康。

李蔡配女士教育孩子有自己的一套方法，她没有中国父母传统的养儿防老的思想,却希望儿女都能成为对社会有用的人。在她眼里,男孩女孩都一样,儿和女是平等的,对他们一样地关心疼爱。她教育孩子们要诚实、善良、勤奋、上进,从不轻易批评指责,但也绝不是放任不管,哪个孩子有了错误和缺点,一定要指出来,要求孩子认错并改正。对孩子们的学业她要求严格,决不允许哪个孩子因为玩耍而耽误了功课。

李蔡配女士对孩子宽严适度,让孩子们在仁慈暖心的母爱中接受严格的教育。她还是一位开明的母亲,认为孩子今后的道路应该由他们自己去选择,自己去走。父母的慈爱、宽和、开放,给这个家带来了民主、平等、祥和、愉快的氛围。在这个幸福、宽松的环境里,孩子们都开朗、活泼、积极上进。

在这个平民知识分子家庭中,由于父亲喜爱绘画和工艺制作,还使家庭充满了浓烈的文化艺术气氛。李远哲兄弟姐妹8人都对音乐、体育有浓厚的兴趣。李远哲经常在节假日策划家庭音乐会,他既是指挥者,又是表演者,兄弟姐妹们有的唱,有的奏,有的跳,欢声笑语充满了整所房子。有时,兄弟姐妹相伴去打球玩耍,锻炼身体,也十分开心。全家最高兴、快乐的事,是父母带领他们兄弟姐妹去郊游,在山下、河边、大树林里,他们钓鱼、画画、捉蝴蝶、逮蜻蜓,采集矿植物标本,或者吹拉弹唱,谈天说地,尽情享受大自然的馈赠。

李远哲和他的兄弟姐妹们在这个安乐幸福的大家庭中,在父母言传身教的影响下,顺利地成长、自由地发展。后来,他们8 个兄弟姐妹个个成才,出了 4 个博士,1 个硕士,有 4 人在大学里当教授,被人称为"博士之家"。

二

新竹小学在桌球比赛中赢得冠军,李远哲跑到校长面前重提昨日拜神之事:"校长,你看,我昨天说希望我们打败,结果我们还不是打赢了吗?是我们技术好,并不是神灵保佑。"

1.哭声响亮的孩子

台湾被割让给日本的第 42 个年头,即 1936 年的 11 月 19 日,新竹武昌街李泽藩先生的家里,一个哭声响亮的小生命降生了,他就是李远哲。李远哲的出生给全家带来了欢乐。襁褓中的小远哲特别爱哭,哭起来绝不轻易停止,绵长的哭声表达了李远哲那"执着不妥协"的天性,直到母亲放下手里的活计或父亲放下画笔,小远哲看着抱起他的母亲或父亲才肯破涕为笑。婴儿远哲的哭声,一直印在李泽藩先生的脑海里。在李老先生八十高寿的时候,李远哲专程从国外赶回台湾庆贺父亲的生日。

回首往事,李老先生还特别提到了远哲能哭这一趣事。

李泽藩先生和妻子都非常节俭,手都很巧。母亲给小远哲缝制了各种各样漂亮逼真的动物玩具,父亲给小远哲制作了火车、飞机模型。父母用慈祥的爱心和灵巧的双手给小远哲创造了美妙神奇的童话世界。

小远哲是家中的第三个孩子,上边有哥哥远川和姐姐惠美。他们都很喜欢小弟弟,小远哲学会走路以后,他们就带领他在庭院里玩。姐弟三人追逐嬉戏,看蝴蝶起舞,观蚂蚁上树,采花草,玩泥巴,快乐无比。有时候他们围坐在爸爸妈妈身边,听大人讲那些美丽动听的故事,或者是自然界的知识。每到这时,小远哲总是靠在爸爸或妈妈怀里,睁着一双纯洁的大眼睛,听得津津有味。

后来远哲上了幼稚园,这为他开辟了一方新天地。幼稚园里有很多可爱的小朋友,还有和蔼可亲的老师、阿姨。他们在一起唱歌、跳舞、做游戏。

从幼稚园回到家,他就把学到的儿歌和游戏讲给父亲听,表演给父亲看,父亲就和他一起玩耍嬉戏。小远哲最喜欢和父亲一起扎风筝、扎飞机,他很佩服父亲有双无所不能的巧手,又会剪贴,又会绑扎,又会折叠,又会绘画。父亲制作的玩具比有钱人家买的玩具都要好。父亲特别会做飞机,他用竹子扎出的飞机不仅样子逼真,而且重量适当,飞起来不飘不坠不摆,速度快,航程远。父亲让远哲也模仿自己动手做,然后在试验中找出缺点,再加以改进。有一次,幼稚园举行飞机模型比赛,小远哲拿着父子俩制作的飞机模型来到了赛场。他的飞机一下子吸引了许多小伙伴,他们围住小远哲喊喊喳喳,七嘴八舌地请求小远哲先飞给大家看看。小远哲拨开众人,将飞机送上空中,赢得小朋友们纷纷喝彩,吸引得老师也凑了过来。老师捧起远哲的飞机,左看右看,飞机制作的精细使老师啧啧称赞。但老师觉得他的飞机太大,比赛有失公平,就让李远哲按照其他小朋友的飞机模型用纸折叠制作。李远哲二话没说,点头应允。他在与父亲制作飞机模型时,已经对飞机易栽坠、易飘摆的原因了如指掌,所以飞机很快制作了出来。小远哲的飞机头尾处的纸的厚薄和机翼的大小与其他小朋友都不相同,但模样相差无几。比赛开始后,小朋友都关注着远哲的新飞机。李远哲一副成竹在胸的样子,等着喊自己的名字上场。当终于轮到他时,他一下便把飞机送到空中。飞机飞得又高又远,小朋友们一片欢呼。刚才还不相信远哲自己会把飞机做得那么好的老师也赞许地望着小远哲,使劲地拍起手来。

远哲最喜欢陪父亲到客雅溪畔垂钓与写生。那蔚蓝色的天空,开阔的大地,清凌凌的溪水,游动的小鱼,清新的田野,各色的花朵,构成一幅美妙的画面。父子俩陶醉在大自然的怀抱里,尽情享受着这远离尘嚣的美好时光,直到太阳落山,天色暗下来,远山近水都模糊了,他们才回到现实世界,意识到该回家了。

2. 爱玩耍的小学生

1943 年,李远哲 7 岁了,已经到了上学的年龄。因为天资好,父母对他寄托了厚望。像许多传统的中国知识分子一样,李泽藩先生希冀着子女们知书达理,事业上有所建树。他不仅在事业上追求上进,生活上节俭,用自己的操守影响着儿辈,而且也严格要求孩子们努力读书。李泽藩先生深信,人少年时不立志发愤,长大后就只能碌碌无为。

小远哲每天一放学,只要看到父亲或母亲在家,总是一声不吭地趴在桌子上写字、念书。有时候李泽藩发现儿子贪玩迟误了做功课,毫不姑息迁就,总要一脸严肃地批评训导一通。小远哲喜欢念书,家里的小人书、父亲的画册,凡是能读懂的书他都读得全神贯注、津津有味。但小远哲也很爱玩,下棋,捉迷藏,到流着淙淙溪水的地方逮螃蟹,甚至爬上挺拔高大的樟树折下带有黄绿色花朵的树枝。有时放学早,和小伙伴相约着扛上钓竿,提着小水桶跑到小湖边钓鱼。小远哲既玩得兴致勃勃,又玩得提心吊胆,因为他必须掌握好玩耍的时间,必须在父母回家之前赶回到读书的桌案前。有时玩得忘记了回家,父亲就会疾言厉色地批评他一顿。为此,小远哲以后每次玩时都要派出一个小伙伴专门负责瞭望放哨,一看见远远回来的李泽藩先生便通知小远哲,他的鞋底就像抹了油似的逃回到家里。有时刚抹去满头大汗,父亲就进屋了,小远哲为了不被父亲看见他那还冒着热气的脸庞,就扭过脸去,放大念书的声音。父亲看到沉浸在学习中的孩子,就放心地做他的事去了。几十年以后,李远哲回忆起这一段愉快的时光时不无得意地说:"父亲回家,每次看到我都是在埋头苦干,而不知道其实我已经在外面野了大半天。"

小远哲会玩会学,在班里成绩优秀。他读的书多,讲起什么都头头是道,和同学们相处友好真诚,很受小伙伴们的拥戴。他们在一起打棒球、桌球,李远哲以其威信和出色的球技成了重要的组织者。小学五年级时,远哲成了学校棒球队的主力队员,六年级时又被选进学校桌球队。适逢这一年举行全省桌球比赛,新竹小学的少年桌球手身手不凡,比赛中所向披靡,连克强手,夺得了全省的冠军。这使在学校本来就有名气的李远哲更加风光,一个玩得拿手、学得出色的小男孩当然人见人爱了。比赛取胜的消息传到了李泽藩先生夫妇耳中,两人大为惊异,他们百思不解:这孩子进学校就念书,回家就做功课,怎么打球打得这样好呢?

远哲家生活并不宽绰,李泽藩夫妇过日子非常节俭。家里有一把黑色大伞,那是李远哲祖父的传家之物,使用几十年了,还坚固如初。每到下雨时,李泽藩先生总是把伞取出来亲手交给儿女们，并再三叮咛：不要碰破伞布，它在我们家传了几代人，使我们免受雨淋，我们应该善待这把伞啊。雨过天晴，李泽藩先生小心地把伞晾干，然后用布裹起来，收藏在妥当的地方。

李泽藩先生虽然过着十分清苦的生活，但年关时总是按照中国的传统习俗在院子里设下祭坛，摆上鸡、肉和糖果等供品，祭祀玉皇大帝、观音菩萨、关帝爷、妈祖，向神明许愿，祈求家道昌隆。小远哲喜欢过年，过年可以燃爆竹，饱口福，换新衣，看灯会，还可以得到父母给的压岁钱。小远哲把压岁钱积攒下来，绝不乱花。他常到书店去，看到喜爱的书籍，他就记下价钱，然后跑回家去点数清楚攒下的零钱，看看是否买得起。他常常为不能随心所欲地买下自己喜爱的书而感叹：自己要是能想买什么书就买什么书该多好啊！

小远哲看书很认真，对于感兴趣的书会重复看上几遍。对书上的内容认真地进行思考：哪些观点是正确的、可取的，我该怎么样，我不该怎么样，作者为什么这样写。对读不太懂的地方慢慢地消化。他还坚持做读书笔记，把好的地方和自己的理解及感想记下来。少年远哲当时最喜欢读的书当数《开明少年月刊》了，这是一本充满着改善社会、拯救民族思想的杂志，书中的文章宣扬了民族自尊意识和推动社会向上的进步思想。那一篇篇激扬的文字流溢出理想的热情和科学的内涵，激励着少年远哲，对他心灵的成熟和献身精神的培养起了催化和孕育作用。

后来在科学家李远哲身上体现出的那种忠于科学、服务社会的伟大品德，或许就是在《开明少年月刊》这片土壤中植下的幼芽。后来李远哲回忆往事时说了一句充满感情的话："当时的《开明少年月刊》，对我心智的启蒙助益匪浅。"

3. 台湾光复了

1945 年对中国及台湾来说，是不平凡的一年。这一年，日本战败投降退出台湾，台湾重回祖国的怀抱。这个重大事件对刚 9 岁的李远哲震动极大，乃至对他一生的道路都产生了重要影响。

从 1895 年的《马关条约》签订之日到 1945 年日本宣布无条件投降，长达半个世纪的漫长岁月中，台湾处在日本殖民统治之下。这期间，康有为、梁启超联合一千多名举人上书光绪皇帝，主张废弃《马关条约》，这就是历史上著名的"公车上书"。一些朝廷重臣，如翁同龢、张之洞等也力奏清廷，反对割让台湾及澎湖列岛。著名诗人黄遵宪写下了"城头逢逢雷大鼓，苍天苍天泪如雨，倭人竟割台湾去"的悲怆诗句。爱国仁人谭嗣同著文申斥清政府竭台湾"二百年来之人力，一旦苟以自救，则举而赠之于人，其视华人身家，曾弄具之不若"。割台噩耗传入台湾，台湾同胞奔走相告，聚哭于市中，夜以继日，哭声响达四野，其悲壮感天动地。台湾人民在抗法名将刘永福的率领下进行壮烈的抵抗，但在日本侵略者的残酷镇压下最后失败了。

日本殖民统治者为了巩固长期的统治，消灭台湾的华夏意识，制定实施了各种毒辣阴险的政策。他们首先推行了同化运动，在台湾通过办学校推广普及日语，渗透皇民思想，企图以此淡化台湾同胞在民族语言和文化上的向心意识。从1919年至1937年的近20年间，日本统治者把这种同化运动和法西斯的野蛮暴虐结合起来，使其达到了疯狂得无以复加的地步。他们以政治和法律的手段，强制25岁以下的台湾人学日文，说日语，严禁使用汉文和汉语，禁止使用台湾人称谓，一律称之皇民。所有机关、学校等公共场合，一律禁止使用汉语。教师教学、学生读书概用日语。他们甚至强迫人们改用日本姓名，凡改日本姓名者提高社会地位，增加生活物质的配给数量。为了彻底割断台湾与中国一脉相承的历史渊源关系，殖民政府还捣毁庙宇中的中国神像，代之以日本的神社和神灶，强迫男女老少奉祀日本诸神。这种种暴政都是为了达到一个目的：让台湾人民在心灵深处全面接受日本文化。

在学校，李泽藩先生每天早晨都要参加学校的教职员朝会。在朝会上，校长的训词总是从不懂日语的人缺乏"国民精神"说起，然后批评台湾籍教员未能将自己的家庭日语化，并说不能教育自己家庭的人就不配当教员等。一些初入学的新生，由于日语会话能力较差,常常要遭到训斥和体罚。

李远哲和父亲李泽藩两代人都出生在日本殖民者统治时代,他们切身体会到台湾同胞所走过的历史道路、所遭受的历史灾难以及同化教育给他们留下的深深伤痕。李远哲出生的时间正是殖民同化教育最全面、最彻底的时期,他学的是日文,说的是日语。当日本投降,按照《波茨坦公告》,台湾及澎湖列岛归还中国的消息传到台湾后,台湾民众数万人聚集在码头和街道等候中国军队进岛。目睹日本人撤离台湾的沮丧神情,人人欢天喜地,家家张灯结彩。看到这种景象,李远哲跑回家里,一把拉住母亲:"我们什么时候走?""你这个笨蛋,你是台湾人,你留在这里你还不晓得!"父亲骂道。

"我不是日本人,而是道道地地的中国人!"少年远哲遇到了他有生以来第一个让他震动的问题。他想了很多很多,他想起了父亲带着他参加新竹每逢7月的义民庙拜庙活动,数百人聚集在义民庙,供上近千头的猪羊,戏曲连台,热热闹闹,声势颇为隆重壮观。他想起了学校并不放假的春节,父亲穿上最挺的西装,母亲穿上最漂亮的裙子,远哲兄弟们穿上最新的衣服,齐立在摆满了供品的案桌前,燃起香烛,祈祷祖先保佑平安。他想起了"年假"(春节前后10天)的日子里,他和伙伴们点放着爆竹,母亲告诉他,这是吉利的日子,不许胡说八道。家里准备了红枣和冬瓜条,母亲吃一颗红枣,说一句"食红枣,年年好";吃一片冬瓜条,说一句"食冬瓜,年年加"。他想起了正月十五的元宵节,和兄长及邻里的伙伴挤在人山人海的街上,看花灯火把。一家又一家的唱班擎举着"昭君和番""关公斩将"等仙人仙女像,打着锣鼓,吹着丝竹,看得人眼花缭乱。

一个民族几千年形成的民俗文化是生活习惯和信仰的积淀,它永远是根深蒂固地植于心灵深处的参天大树。日本殖民者的同化运动改变了一代人的语言和文字,但却未能改变台湾人民的生活习俗和民族观念,他们从生活习俗中找到了民族的认同感。

想到自己是一个中国人却被异族割弃了自己民族的语言和文字,李远哲生发了许多感触:被世人称为东亚病夫的祖国拥有几万万人之众和广阔的疆土,竟然割土让地,说明贫穷落后会受列强的欺侮和蚕食,我辈当勤奋努力,改变现状,把中国建设成为世界强国,恢复民族的自尊心和自豪感。

李远哲和二位堂兄后来转入了新竹小学,开始学习汉语和台湾方言闽南话,由于说得不好,受到了一些同学的排斥。因为台湾刚刚光复,中国人一下子扬眉吐气了,所以学校里有很强的反日情绪。同学们骂那些只会讲日本话的学生是"三脚仔""假鬼子",李远哲气不过时便与他们打上一架。有一次他在前边走,后面传来"三脚仔"的挑衅喊叫,远哲停下脚步转过身怒视着一群走来的学生,走来的人都装作若无其事的样子,远哲找不到发泄的对手,只得一肚子委屈走回家。看到远哲不高兴的样子,父母料到又是因为讲不好汉语而受到了排挤,就劝解安慰他,向他解释父母作为教员对时局的无奈和希望儿子成才、报效国家的良苦用心,远哲却难消怨气。

这段时光对他年幼的心灵产生了极大冲击,社会的剧烈动荡和变迁催化了远哲的早熟,使他对社会的理解和学习目的的确定一下子产生了质的变化。生活就是这样,重要事件常常是思想观念形成的里程碑和人生的转折点。李远哲后来在与青年学生的座谈会上谈起了这段经历,他说:"以后我求学的日子里,常有股很强烈的爱国心驱使我努力向上。"

4. 拜神是没有用的

宗教文化在台湾广泛传播,寺庙最多时达到3000余座。庙宇中供奉着开漳圣王、保生大帝、关帝、神农、鲁班、玉皇大帝、妈祖等不同神明、偶像百余种。新竹的竹莲寺、文昌祠、文林阁等都颇有规模,其中竹莲寺是台湾的十余座名寺之一。寺庙内常年香火鼎盛,人们无论男女老幼、贫富贵贱,都来祈福求吉、消灾驱邪。

小时候,远哲时常跟着母亲去庙中烧香叩头,祈求神明保佑平安,家庭福祥。远哲手捧冒着青烟的香烛,和妈妈一同跪在一言不发的神像前,看着妈妈和其他人恭敬虔诚的样子,他感到莫名其妙:一个木然不动的泥像能给这些毕恭毕敬的人什么帮助呢? 有时妈妈告诉他:神都是抑恶扬善、救助生灵的,有着很大本领的长生不老的人,人们祭祀供奉他们,也是对他们给人的好运和吉祥表示感激之情,并希望他们继续降福人间。母亲还给远哲讲了神祇妈祖的故事:妈祖成神之前,是一个乐善好施、扶危济困的人。她能预卜吉凶,常常在海难危急之时,神奇地出现,指点迷津,使渔民们逢凶化吉。有一次她为了拯救一场海难,凌风驾云而去,从此再也不曾回到人间。母亲的话虽然听起来很有趣,但还是令远哲感到费解:神能给正在走运和正在困境中的人同时带来好运吗? 神能让富人和穷人同时都成为有钱人吗? 我能不能和神见上一面向他提一些问题呢? 对远哲的疑问,母亲听了总是一笑置之,说小孩子家不懂。后来远哲慢慢长大,他已经读了不少的书,眼界逐渐开阔,思维日趋深刻,知道了地球和宇宙,知道了人类进化的历史,对深奥的自然科学产生了浓厚的兴趣,从此他再也不去寺庙拜神求佛了。

远哲 13 岁时,为了让儿子顺利考上初中,母亲一定要远哲一起去城隍庙,求城隍爷保佑全家人心想事成。远哲一向尊敬父母,但在他认为的大是大非面前,却绝不随便妥协让步。远哲给母亲说:那样做是浪费时光、徒劳无益的,我若好好用功的话,一定能考上。

李远哲从小就表现了不妥协、不盲从的鲜明个性和信奉科学的精神。求神拜佛有时表达了人们的无奈情绪，有时表现了人们在重大关头的犹疑不决和缺乏自信心，有时表现了一种美好善良的祝愿，有时成了人们团结奋斗的精神力量。每每在人生重要的时刻和重要的事件来到之前，人们对成败的结局没有足够把握时，为增添求胜的信心，便会有求神佑助的愿望和行为。

一次，包括远哲在内的新竹小学桌球队参加全省比赛，远哲和队友们积极进行准备。他们对战术、技术精心研究和商讨，也对胜负结局七嘴八舌地猜测。远哲说："根据我们的技术水平和竞技状态，只要能发挥得好，夺取冠军是有可能的。"一个队友很激动地说："让神明保佑我们攻城略地，战无不胜吧！"远哲听了他的话，眉头皱了一下想要说什么，这时校长走过来，他很兴奋地对大家说："为了比赛能打得好，能取得夺冠的胜利，为了给我们新竹小学增添荣光，我们明天一块到竹莲寺去，让显灵的神明保佑我们吧。"远哲听了不以为然。大家辛辛苦苦地训练，做能做到的一切，只有坚持不懈，付出心血和汗水，才会换来成功。如果把一切都寄托在神祇的保佑上，人们不都变成懒汉了吗？没有了上进心和克难精神怎能取胜呢？远哲想到这里，就把脸面向校长，不依不饶地说："比赛能不能得冠军要看我们的努力，我们打得好自然会得冠军，拜神是没有用的。"校长听了，一脸的不快，他了解这个学生不仅学习成绩好，体育好，品德操行好，对问题也有独立的见解，遇到是非问题决不迁就和盲从。校长不愿在求神问题上和学生发生冲突和争执，便转过身去，丢下一句话："明天按时集合出发，一个也不能缺少。"第二天，大家在校长率领下来到了竹莲寺，在香烟缭绕的神像前，大伙列队排好，一个个合掌叩首，虔诚至极。远哲站在最前面，手里捧着一炷香，看上去满脸的恭敬和真诚，他喃喃而语："愿神明显灵，我希望明天打败。"话刚说完，他的脑袋重重挨了一下，他扭过头来，只见站在身后的校长怒视着他。好像是预料中的事一样，远哲平静得一言不发。回来的路上，要好的小伙伴们悄悄地问远哲："你真的希望我们打输吗？"李远哲笑了笑说："我刚才真的希望神明显灵让我们失败，但我现在比你们更希望打赢。"

在比赛中，远哲和队友们发挥得淋漓尽致，新竹小学桌球队在全省比赛中夺得了冠军。在颁奖仪式上，新竹小学的人都得意扬扬，校长更是喜悦，脸上笑眯眯的。李远哲跑到校长面前，不无尖刻地说："校长，你看，我昨天说希望我们打败，结果我们还不是打赢了吗？是我们技术好，并不是神灵保佑。"校长听了，脸上一块红一块白，强辩说："不是不是，你是根本不信神的人，你说希望打败，神也没听进去。是我校长希望你们打胜，你们才打胜的。"

这场比赛的输赢对李远哲来讲有超乎寻常的意义。它是李远哲世界观形成的重要一课，它加深了李远哲对"自己是命运的主宰"这句话的认识。

三

真正的光明绝不是永没有黑暗的时间，只是永不被黑暗所掩蔽罢了。真正的英雄绝不是永没有卑下的情操，只是永不被卑下的情操所屈服罢了。

1."你很有希望"

1949 年，李远哲升入了初中。他已经 13 岁，个头比同龄人要高，瘦瘦的，一双黑黑的大眼睛闪烁着调皮与聪慧的光，健康的身体洋溢着青春的气息。这时的台湾，日本文化随着日本人的撤退受到了冲刷。五四新文化的思想开始在台湾传播，民主和科学的两面旗帜影响了知识分子和青年学生。深爱《开明少年月刊》的李远哲小学时就受到书中改造社会、献身国家的思想影响，加上受到社会变迁的震荡和冲击，思维分外活跃。他从书中了解了俄国革命的发生和经过。《开明少年月刊》中的一篇文章《蓝色的毛毯》给了他很强的刺激和很深的印象。文章叙述了俄国革命前农民的悲惨遭遇和农民所承受的压迫和苦难，描绘了革命给社会带来的翻天覆地的变化。对李远哲打动最深的是俄国工程师凭借着科学技术实现了国家的工业化和机械化。李远哲从此树立了做一个工程师和科学家的人生理想，他认为科学能使社会进步，进步就能使国富民强。努力上进，为人类做出贡献的强烈愿望促使他刻苦学习。他那顽强的求学意志超出一般人，他如饥似渴地阅读科学书籍，作业中遇到难题不仅不退缩气馁，反而倍感兴趣，不圆满解决决不罢手。在知识的海洋中遨游，他感到其乐无穷。

李远哲的父亲为了让孩子们努力学习，给孩子们立下了一条规矩：学习不好，他决不会以家长的身份出席毕业典礼。李远哲小学毕业时，成绩在学校名列前茅。李泽藩先生着一身新装，像参加隆重大典一样出席了毕业典礼。李远哲看着父亲那有皱纹的眉宇间流溢出的喜悦之情，心里泛起无比的温暖。他脑海里突然跳出父亲泡在画室里作画的镜头：父亲眉宇紧锁，手举画笔，一副专注的神情，他用五彩的画笔画着自己心中美好的愿望。李远哲觉得父亲的心底深处，一定藏着一本画册，画册里一定有出席儿女毕业典礼的一幕。

李远哲进入初中后，思想发生了很大的飞跃，飞跃的标志是孕育了明确的志向和理想。初中一年级时，有一次班导师苏森铺先生布置学生每人写一篇自传。在自传中，李远哲抒发了当科学家的热切愿望和科学救国、兴国的理念。文章写得朝气蓬勃，真挚感人。苏森铺先生深为李远哲的赤诚之心所感动，他了解李远哲，这是一个本分用功，有着执着个性和坚强意志的学生，从来没让老师操过多余的心。从李远哲的自传中可看出他心系国家兴亡的雄心壮志，苏先生愈加喜欢上了这个心性很高、不甘平庸的后生。看完他的自传后，苏先生深情地写下了自己的批语和寄托的厚望。当苏森铺先生送还自传时，向李远哲说了五个字："你很有希望。"老师的话使李远哲感到又理解又不理解。不理解的是：老师是说我作文写得好，写文章很有希望呢，还是说文章中我表达的志向有希望得以实现呢？李远哲最后对自己的不理解又理解了：不论说的是哪方面，都是说自己将来可以成为对国家有用的人才。

苏先生的这句话在李远哲的生命历程中有着里程碑的意义，它成了激励李远哲毕生奋发的动力。恐怕苏森铺先生也没有料到，自己一句话竟对一名学生产生如此重要的作用。

2.《约翰·克利斯朵夫》

李远哲终于合上了那本让他不忍释手的书《约翰·克利斯朵夫》。已经过了上床睡觉的时间，他熄了灯，睁着眼躺在床上。自一场大病之后，远哲尽量使自己的生活有规律。他曾经读过罗曼·罗兰的传记作品《米开朗琪罗传》《贝多芬传》。他从罗曼·罗兰的作品中感受到了一种不怕困难的精神和自我奋斗的力量。主人公厌恶虚伪、堕落、腐化的品格使李远哲产生了强烈的共鸣。当他一打开《约翰·克利斯朵夫》这本书，就很快被书中《译者献词》的话震撼了，他反复吟读着其中的一句话："真正的光明绝不是永没有黑暗的时间，只是永不被黑暗所掩蔽罢了。真正的英雄绝不是永没有卑下的情操，只是永不被卑下的情操所屈服罢了。"人都会产生利己卑下、软弱等阴暗的念头和想法，这是人性的一致的弱点。每一个人每一天都会遇到问题让你抉择：是勇敢还是怯弱？是公正还是偏袒？是为公还是自私？是牺牲还是苟全？是妥协还是求真？是奋斗还是享乐？在两者之间，伟大与渺小只是一念之差。英雄之所以是英雄，就在于他选择了高尚和光明。李远哲在卧病休养的那段日子里，细细地体会琢磨着人生，他发现国家、民族、个人都会遇到波折和灾难，优秀的民族和人群中的有识之士总能在晦暗悲观和困难逆境中趴下去又站起来，找回光明和希望。李远哲有生以来的感觉和体验一下子被《约翰·克利斯朵夫》中《译者献词》的这段话既明快又深邃地概括了。

当李远哲看到导言中的一段话时，他又激动起来："直爽坦率地说话！不要涂脂抹粉，不要矫揉造作地说话，说话是为了使人理解。"说话坦诚真实，不粉饰，不遮掩是远哲的语言风格。

他反对虚假，认为做人应该诚心诚意，恳切朴实。从书中远哲找到了规范自己的人格力量和信念的源泉。

李远哲觉得克利斯朵夫寻根究底的个性很像自己。学问学问，就是锲而不舍地学习加上不厌其烦地发问。他发现有时候有些问题问出了个究竟，可有些问题问得人家张口结舌。一些大家信奉的或习以为常的东西看来是被大家盲目接受了，大家并没有思考这是为什么。李远哲认为问题问得从不知到知之，就是增长了知识和阅历；问题如若问出了破绽，可以推动人类的认识水平向前发展。在学校，远哲尊重老师，但在求知的时候却毫无顾忌，不依不饶。李远哲把这看成是在追求真理，追求真理当然不能迁就妥协。

李远哲这种从小养成的认真执着的秉性随着读书的增多更加鲜明了，科普读物中科学发展的故事把他朦胧的个性特点强化成了生活理念。他为克利斯朵夫表现出的和自己一样的打破砂锅问到底的思维方式感到满意。何况克利斯朵夫从小就有要当大人物的惊俗之语呢！李远哲感到克利斯朵夫很亲切，就像自己的小伙伴一样。他很喜欢克利斯朵夫生来不知忌惮的天性：当人家越想要他驯服，他就越极力摆脱羁绊。

李远哲把自己和克利斯朵夫相比，心里泛起一种幸福之意，家里生活虽然清苦一些，但毕竟没有为生活颠沛流离啊！自己享受了克利斯朵夫不曾享受的天伦之乐。

作者罗曼·罗兰在卷十初版序中写了一段话:"你们这些生在今日的人,你们这些青年,现在要轮到你们了! 踏在我们的身体上面向前吧。但愿你们比我们更伟大,更幸福。"这些充满感召力和煽动力的语言让李远哲热血沸腾、雄心勃勃,成了他在科学征途上风雨兼程的精神源泉。

3. 点亮我,点亮生命

一本书、一句话、一个事件、一场经历,有时会对人的一生产生重要的影响,成为人生的转折点,成为征途的里程碑。李远哲谈到青年时期思想的变化时说:"影响我科学生涯最深远的,则首推《居里夫人传》。"

居里夫人生于 1867 年 11 月 7 日,比李远哲早了近 70 年。两个科学巨匠不仅都摘取了科学王冠上的灿烂明珠——诺贝尔奖,而且有着相似的幼年成长经历。居里夫人诞生的时候,她的祖国波兰已经被沙皇改为俄国的一个省。沙皇派军队彻底镇压了 1863 年波兰人的起义革命后,向波兰各地派遣了大批的警察、官吏、教师,监视波兰人民,废止波兰的民族语言,压迫他们的宗教信仰,企图使波兰俄国化。李远哲诞生的时候,也正是日据台湾 50 年中的最后 10 年。日本人为了消灭台湾人的民族意识,不仅禁止使用汉语、汉文,连汉服都被视为敌性服装。他们甚至全部捣毁庙宇中的中国神像,美其名曰"诸神升天",代之以日式的神社、神灶。规定每月初一为敬神日,强迫男女老幼于该日奉祀日本诸神。相似的时代背景,使居里夫人和李远哲都产生了一种将祖国的命运和自己的未来联系在一起的强烈使命感和责任感。"天下兴亡,匹夫有责"是他们向着崇高目标努力迈进的永不枯竭的动力。后来李远哲回忆起这一段成长历程时说:"我因环境冲击而极度早熟的心灵中,早已澎湃着改善社会、拯救民族的情操。我相信国家民族自尊的丧失只是暂时的,要把中国人从东亚病夫变成数一数二的强国之民,需要每一个人的努力,身为中国人的每一个青年,都肩负着这个责任。"

居里夫人上小学的时候,父亲是她所在学校的老师。巧合的是李远哲的父亲李泽藩先生也在李远哲就读的新竹小学教美术。相似的出身及教育熏陶铸就了相似的性格。居里夫人小时候像许多小朋友一样非常贪玩,每次和姐妹及伙伴们玩打仗游戏的时候都兴致勃勃,直到妈妈叫着女儿的爱称:"玛丽亚,玛丽亚,玩得太久了,现在应该停止。"她才十分不情愿地离开"战场"。花园是她常去的地方,有时她还和伙伴成群结队地到树林里去散步,玩铁环,玩毽子,玩"猫捉老鼠",采野草莓,带着火把捕虾……

爱玩和爱读书是并行不悖的。玛丽亚无论是玩还是读书,都非常投入和专注,家里人都说玛丽亚有一种异于常人的特点:

只要一读起书,就完全不理会周围发生的一切。

李远哲也非常贪玩,经常忘了做功课。他利用自己放学和父母回家的时间差,逃过父母的监视和控制,与小伙伴们嬉戏耍闹。但李远哲读书也很入迷,从小就知道积攒压岁钱和零用钱买书,当碰到书店有好书而钱又不够时,李远哲总要在书店徜徉许久,不忍离去。

贪玩是孩子们的天性,爱读书是有所作为的人在孩提时代共有的良好品质。书籍开发培育了孩子们的兴趣和志向,并使其逐渐凝固成一个坚定的目标和理想。书籍是孩子们汲取向上进取精神的源泉,李远哲后来在给弟弟远钦的信中谈到了读书对自己青少年时期成长的影响:在阅读书籍的正确道路上,能够找出自己的理想,找出人生最正确的途径。

居里夫人上小学期间,先后失去了姐妹和妈妈。国难和家难没有毁灭掉这个小女孩,反而使她更坚强和成熟了。1891年,她带着一卢布一卢布积蓄下来的钱来到巴黎索尔本理学院,它被路德赞誉为"最著名、最杰出的学校"。居里夫人埋头开采科学的宝藏,聚精会神地听教授们讲课。她常常叹赏教授们渊博的知识和睿智的头脑,常常为自己的收获和发现快乐地流出眼泪。科学的奥妙和神奇,科学对宇宙表现出的支配作用的规律,发现这些规律的人类智慧,是多么有趣。玛丽亚沉醉在一种快乐、焦渴、不安、兴奋的情绪中,她突然有一种感觉:和科学比起来,过去读过的小说显得那么苍白,神话显得那么缺乏想象力。李远哲谈到读《居里夫人传》的体会时说:"从这本传记中,我明确地了解到一个科学家的生活也可以是美丽而充满理想的,并非一般人想象的那般冷静、冷酷,甚至于十分古怪。"在普通人看来,科学与枯燥、科学家与苦行僧是等同的概念。其实科学是一杯浓茶、一杯苦咖啡,有人喝了它,只尝出了它的苦涩,有人却品味出了它的甘甜和惬意。苦中之甜非一般人所能咀嚼出来。李远哲成家做了父亲之后,女儿有一次告诉他:你工作得太努力了。李远哲非常了解"努力"二字的意思,就回答说:"我非常享受这么辛苦的工作。"我们可以把李远哲这句话浓缩成四个字:享受辛苦。这四个字简直是理解科学和科学家的禅语。对于从事科学研究的人来讲,苦就是乐,乐就是苦,乐中有苦,苦中有乐。

爱因斯坦这样评价过居里夫人:"在所有的世界著名人物中,玛丽·居里是唯一没有被盛名宠坏的人。"居里夫妇发现镭之后,不申报专利,而是毫无保留地发表了全部的研究结果,主动放弃了巨大的物质利益。

居里夫人无论做什么事都很认真,总是追求至善至美。她结婚后,为了学会做饭,重复细读食谱,边读书边在书页的空白处注明试验中的成功与失败,例如怎样可以使通心粉不粘起来,煮牛肉放在冷水中好还是放在热水中好。很快她就成了烹饪的高手。她干啥啥行,受到了许多人的企慕。其实这是做学问的人认真做人、认真做事的品质。李远哲在新竹小学上学时不仅学习成绩名列前茅,而且是学校的棒球队员和桌球队员,乐器、唱歌样样拿得起。李远哲说过一句话:"一个人的成长,往往并不是说要做科学就只做科学一样,并不是的,像锻炼身体或是生活的其他方面也应该好好发展。总的说来,我一定要说——生活的态度要认真。"

居里夫人从不把时间浪费在玩乐上,在她的新婚日子中,居里夫人和居里先生过着一种单调而平顺的日子。他们从不到戏院去,除了到镇上看望一下公婆,平日很少出门。居里夫人大部分时间都待在理化学校的实验室或者格拉西埃尔路二十四号的住室。与其说是住室,倒不如说是工作室,屋中只有一张白木桌,桌子的两头各放着一把居里夫人和居里先生读书的椅子。桌子上是一些物理学的专门书籍,一盏煤油灯,一束花,此外别无他物。居里夫人家很少有客人造访,偶有客人也不敢久留,因为当他们看到那两张椅子没有一张是给客人预备的时候,都只好知趣地离去。而这正是居里夫人的用意。李远哲上台大期间,为了按计划读完一些专业的书籍,假期常不回家,把自己关在宿舍或教室中学习。在他成家立业之后,他依旧整日待在实验室中,有时深更半夜才回家,每天工作时间在 16 个小时以上。在普通人眼中那没完没了的实验却是他们生命中最灿烂的内容。李远哲说:"就一个科学家来说,被人从实验室中带走那么多时间,是一件很痛苦的事。"

居里夫人绝不是躲在书斋中不问世事的人,她爱全人类,爱正义,爱祖国。在她读中学的时候,除了上课的时间,她都坚持用波兰语说话。后来发生了第一次世界大战,德军逼近巴黎,她写信给女儿:"亲爱的女儿,巴黎有被敌人包围的可能,果真如此,我们将被隔断,你必须勇敢地承受,因为在国家的胜负未定之时,我们个人愿望不值一提。"

李远哲谈到台湾光复之初,幼小的心灵所受到的震撼时说:"改变东亚病夫的形象,恢复民族的自尊,需要每一个人的努力。把中国变成数一数二的强国,是身为中国人的每一个青年都应肩负的责任。"

居里夫人和李远哲的身上都集中了人类最美好的东西。正因为李远哲以居里夫人为楷模,所以我们可以从李远哲的品质中处处看到居里夫人的影子,二人不仅在科学上都为人类做出了巨大贡献,而且都表现出了伟大的道德风范。

居里夫人点亮了一盏灯,照亮了一条光明大道,也点亮了李远哲的生命。

4.训导长眼中的丙等生

李远哲虽然学习努力,成绩优良,才华出众,但绝不是一个循规蹈矩的学生。正像他自己说的那样:小时候父母要我念书,而我却常常跑出去钓鱼、玩耍。进入中学后,李远哲日趋成熟,头脑里充满了救国救民的意识,他有目的地发展自己,在学习上表现出"独树一帜"的特点。他往往在理解掌握了老师讲过的方法以后,再探求一些更巧妙、更简捷的方法。他认为老师讲的一般来说是对的,但并不是老师讲的都绝对正确,不可变更。他更喜欢通过自己的独立思考接受各科知识。初中时代的一个小故事曾给老师和同学们留下了很深的印象。

一天,上课铃声响过,几何老师走进教室,对学生说:"今天,我把这次几何考试的卷子发给大家,希望同学们认真地把卷子检查一遍,特别要注意那些错误的地方,今后不要重犯。"

同学们都在认真看卷,教室里很安静。一只手忽然高高地举起来,那是坐在后边的李远哲。老师不由皱起了眉头:这次考试的5道题,李远哲用了和课堂上所讲的不同的方法去做,被判零分,他还有什么问题?

李远哲站起来说:"老师,我用的方法虽然和你讲的不一样,但也是正确的,而且更简捷。我可以在黑板上演示吗?"

看到老师点了头,李远哲走上讲台,在黑板上一边列出他的解法,一边做了解释。同学们一致认为李远哲的方法是对的,老师也同意把他的试卷改判为 100 分。

在学校,李远哲不愿刻板地执行那些死板的规定,他是各种活动的积极分子。那时李远哲的哥哥是校学生自治会的会长,在他的组织和策划下,学生们开展了多种形式的课外活动,如球赛、话剧、演唱会等,李远哲是其中最为活跃的积极分子。50 年代台湾海峡的局势较为紧张,教育当局为了避免学生闹学潮,制造麻烦,增设了"星期六下午上课"的规定,李远哲对此颇为反感。李远哲继承了父亲勤奋、节俭、好学、正直的秉性,但又表现出了追求自由、憎恶陈规陋习的鲜明个性和不妥协精神。对学校的新规定,同学们多有微词,李远哲言辞更为激烈,他说一个学校没有足够的自由活动时间,学生们的个性和品格就得不到充分的发展,自由讨论的学术风气就难以形成,学校就会变成死水一潭。李远哲敢作敢为,怎么想就怎么做,常有一些违纪违规的事,所以在学校训导长的眼中,他绝对不是一个遵守纪律、操行优良的好学生,就连李远哲自己也说:"在学校里,我从来不是个标准的模范生。"

在关于科学家的一些传说中,重复发生过诸如此类的事情。爱因斯坦小时候被老师斥为"不守纪律、心不在焉、想入非非"的学生,训导主任甚至对着他的父亲吼道:你的儿子将是一事无成的。达尔文在全校师生面前被校长当众批评不务正业。牛顿也感到在学校的日子不快活。

沿袭百年甚至千年的学校教育存在着专横和僵化的积淀，它扼杀或阻碍了许多聪慧学子的优势发展。改革学校教育势在必行，教育者具备开明的思想和发展的眼光才能胜任。

台湾那个时候的学校，在周六下午上完课后例行降旗典礼，担任班长的李远哲不乐意参加这种毫无意义的沉闷的公式化活动，就提议同学们开展爬山活动。提议得到了全班一致的响应。李远哲策划了分散溜出校门的策略，上课铃未响，同学们就聚集在了山脚下，望着满山的松树、樟树、枫树，望着走过的嫩绿的茶园，溜出校门时的胆怯和不安了无痕迹地消失了。同学们像解放了的囚徒一样高兴地发出放肆的笑声。爬山开始了，同学们追逐着，嬉戏着，脸上写满了无忧无虑的轻松。突然间一只松鼠惊恐地从同学们脚下逃走，几个女生惊叫起来，引起了几个男生的追逐，寂静的山林一下子热闹起来。他们沿着卵石铺成的倾斜的山径奔跑着，李远哲和几个大胆的男生直接在杂木丛中穿越，有次他们离一条粗大的雨伞蛇只有几米远，李远哲捡起一块石头砸了过去，蛇跑了，却给他们增添了探险的好奇。一些热爱生物学的学生捉了不少美丽绚烂的蝴蝶带回去制作标本。据这些同学讲，台湾是世界上著名的蝴蝶王国，蝴蝶种类有几百种之多。有一种皇蛾阴阳蝶，不仅双翅不对称，大小不一，而且左边为雌性,右边为雄性,这样的蝴蝶在千万只中才能发现一只。还有一种蝶,两翅展开,足有洗脸盆一般大小。闻所未闻的知识让大家兴趣盎然,每次爬山,大家都是流连忘返。但李远哲毕竟不敢公然违背校规,爬山只能隔三岔五地偷偷进行,有时还得耐住性子参加周六下午的降旗典礼活动,可是最后还是被发现了。训导长起初认为整班的学生未到一定是老师拖时延课了,但后来屡有此事发生,训导长追查后才知道是李远哲领着大家爬山去了。训导长心里十分恼火,所以在期末打操行分数时,他坚持给李远哲评为丙等。但李远哲的班导师彭商育先生十分赏识李远哲,认为李远哲聪明好学、古道热肠、办事公道,虽然有时坚持己见,但也未必不是长处。彭先生面红耳赤地据理力争,其他老师因为对李远哲印象颇佳,也都附和彭先生的意见。争议进行了好长时间,最后还是尊重班导师意见,李远哲得了甲等操行级别。

5. 一场大病

李远哲历经的社会变革使刚进入中学的他一下子成熟了许多,他贪婪地阅读着各种书籍,屈原的《离骚》、司马迁的《史记》、唐诗宋词、明清小说、笛福的《鲁滨孙漂流记》、雨果的《悲惨世界》、屠格涅夫的《猎人笔记》、罗曼·罗兰的《约翰·克利斯朵夫》，他都读得津津有味，浩瀚的文学天地令他流连忘返。他特别喜欢屠格涅夫的作品，因为屠格涅夫的作品中有一种义无反顾、为理想献身的感染力。

李远哲更喜爱科学，学校图书馆的科普读物被他浏览了一遍。他成了图书馆管理员最为熟悉的学生，他们喜欢这个有着读书嗜好的学生，常常破例借给他书。李远哲从奥妙无穷的物质世界中发现了令人惊奇和激动的知识天地，大到宇宙，小到原子，蕴含着多少自然科学的真理。人类之所以被称为万物之灵，就在于其具有发现真理的能力。李远哲感觉到文学和科学既有广泛的联系，又有着不同的形态和内容：一部成功的文学著作，是文学家经过探索和劳动再现出的生活真理和生活美；一个科学定则，是科学家们经过科学实验和论证揭示的客观真理和物质美。艺术作品充满了故土风情、民族的特点和精神，而科学真理则无国界，科学对客观世界的认识，不取决于科学家的民族、国籍，更不取决于他们的爱好、看法、心境和个人特点。任何艺术创造，都自成一格，绝不雷同，你对它可以褒扬，可以贬抑，但不可能抹去它。而科学真理却总是经过补充、修改、订正，才日臻完善，并且表现出真理的相对性。艺术需要有浪漫无拘的热情和想象力，科学则需要冷静的思考和反复的实验。李远哲的性格和思维风格更贴近后者。在博览群书的学习中，李远哲逐渐形成了自己的志趣，不仅表现得比一般同学有思想、有学问，而且爱好广泛。他参加了校网球队，还是乐团的成员，经常参加训练、比赛、演出，生活紧张得不亦乐乎。远哲挤出一切空余时间看书，功课作业从不欠缺，成绩一直优秀。有的同学看到远哲每天参加那么多的活动，考试分数却超好，就觉得是自己笨，殊不知李远哲读书常到深夜，经常晚睡早起，靠着辛苦和努力才取得了好成绩。李远哲受父亲熏陶，从小就看着父亲作画长大，跟着父亲去野外写生，那逼真的画面令远哲心痒手痒，禁不住拿起画笔也要画上一幅，李泽藩先生在旁指点评说，传授技艺，远哲耳濡目染，便有了画画的基本功。上初中后，生理老师发现这个学习成绩优异的学生画画也不错，便经常把李远哲叫来画一些解剖图。李远哲忙忙碌碌度过了初中时光，又升入了高中。

在高中一年级学习不久，他终因劳累过度，病倒在床上。李远哲整日躺卧在病榻上，感到百无聊赖。医生和父母为了李远哲安心休养，不许他看书。他无所事事，在床上辗转反侧，看着墙壁和屋顶，脑海里像海潮一样一下子涌出许多想法。远哲想到自己的病不知到什么时候痊愈，这样一无所获的日子还要耽延到什么时间才会结束。他想到自己没有练就一副强壮的体魄，才不堪劳累，辍学于家。他想到中国人被列强称作东亚病夫，台湾被强占50年。一个民族没有健康的体质和一个人没有健康的体质一样，都不能主宰自己的命运，身体是创造价值的本钱。远哲想到将来，到了我辈成为社会脊梁的时候，社会会是什么样子呢？国家的命运和未来系于我们这代人身上，如果我们都能成为俊才人杰，国家才有希望。我们怎样才能成为俊才人杰呢？我们现在应该强壮、活泼、努力、向上，不虚度光阴年华，不浑浑噩噩地嬉乐玩耍。古人云：业精于勤，荒于嬉。以后要以认真的态度过好每一天。

大病使远哲闭门静心，浮想反思，高一成了他人生的转折点。李远哲回忆这段时光时说："在家养病的那段日子整日躺在床上，无所事事，胡思乱想……想着想着，我得到了许多新的领悟，使我对生活的态度一反往日的嬉乐而日趋认真。在那之后，我相信自己对周遭事物感受特别深刻，与那段蛰伏时光有着非常大的关系。"

6. 天下没有不可能的事

李远哲是老师心目中的得意门生，他们都把李远哲看成前途不可限量的人才。高三毕业时，李远哲被一致选定为直接升入台大的保送生。李远哲把这个消息告诉给父母，父母为之振奋，这不仅证明儿子是高中毕业生中的佼佼者，也消除了他们内心存在的一点担忧：李远哲干什么事都不急不躁，甚至有点慢条斯理，这种性格的人参加升学考试会不会出现意外呢？有人说真正了解一个人，必须站在一个适当的位置上，不可太远，也不能太近，要有一个恰当的距离。人如果朝夕相处，反而不能发现伟大人物隐藏在许多平凡行为中的不平凡之处。科学家的一个重要品质就是稳重和条理性，缺乏这种品质，会在许多情况下漏掉许多重大的发现机会。

意大利的生物学家伽伐尼在做青蛙解剖实验时，发现死青蛙腿上的外露神经会发生颤抖，他没有做过多的实验就判定这是生物电。而伽伐尼的同乡伏打却没有盲从匆忙而下的结论，他就这一发现进行深入研究，最后发明创造了著名的"伏打电池"。法国皇帝拿破仑特地召见了他，授予他金质奖章和伯爵称号。由此可见，科学研究须要耐得住性子，须要缜密地思考。

远哲的母亲希望儿子有一种风风火火的作风，她常说儿子："你这样慢吞吞，做鬼也抢不到银纸。"李远哲在保送问题上的想法和父母相违，他想放弃保送资格，他认为通过考试走进大学校门才是光彩的事儿，他绝对相信自己的实力可以毫无问题地达到目的。对于母亲的不必要的忧虑，他故意气妈妈："有一天我没有考上大学的话，你应该高兴才对。因为您的儿子非常用功，也相当聪明，如果他还考不上大学，便表示台湾有一千个比您儿子更优秀的人才，您应该为此高兴才对。"

说归说，远哲毕竟是一个尊重父母的孝子，他还是同意了保送。在这个问题上，远哲和父母都做了妥协。远哲的父母出于谋生的考虑，主张儿了选报医学专业。医生在台湾是收入丰厚的职业,父母从艰辛的生活经历中为儿子选择了不让儿子受二茬罪的职业是可以体谅的。但李远哲的"科学救国"抱负是坚定执着的,他说过一句话:"我并不是一个自私的人,也不屑为追求个人的所得而奔波。我一生最大的抱负是以科学救国。"居里夫人那辉煌的科学生涯,成了远哲立志追求的远大目标。李远哲坚决不同意学医,最后确定了化工系,因为这既基本满足了父母的意愿——毕业之后容易找到饭碗,又不违背远哲科学救国的初衷。

李远哲就要踏入大学的校门了,他觉得那萦绕心头的一轮红日离自己愈来愈近了。他一遍又一遍地告诉自己:"事在人为,只要有决心,天下没有不可能的事。"

四

真正做出一些事情来的人,往往是紧跟着问题,紧追不舍,追根究底的人。

1. 生命要把握在自己手中

1955 年,19 岁的李远哲已是一个英俊、魁梧的青年人了,他显得比同龄人成熟,黑亮的大眼睛里透出年轻人少有的自信、沉稳和胸有成竹。秋天,李远哲成了台湾大学化工系的一名学生。这时候,台湾正处于百废待兴、百业待举的时期,学校的师资、设备都很不理想。学生有时遇到一些不懂的地方,去请教教授,教授竟然也弄不明白。但作为学子,都有一种强烈的历史责任感,他们觉得振兴中华民族的重任理所当然地落在了自己肩上,学习热情极为高涨。同学们在一起讨论理想和抱负,讨论如何进行学习才能成为一个科学家。他们经常去请教大二、大三的学兄们,确定应该选修哪些课,读哪些书。李远哲听从学兄张昭鼎的意见,选了不少物理系的课,例如量子力学、热力学。两人一到星期日或假期,都把自己关在宿舍或图书馆中,一页一页地啃,遇到问题彼此交换看法。那时台大二号馆的后面,晚上成了学生们的读书沙龙,大家在此各抒己见,轮流讲解,集思广益,每个人都在这里得到了启迪和帮助。模糊的东西清晰了,杂乱的概念有条理了。在浓厚的学习气氛中,大家不仅收到了相得益彰、短长互补的效果,而且发挥了学生们的最大学习主动性。所以,二号馆是学子们晚上的最好去处,晚饭后,三人五人一堆、十人八人一片地在那里谈书说道,成了台大的一道优美风景线。许多年以后,李远哲在回忆起这段时期的生活时说:"在学习的过程中,对我学习帮助比较大的是堂兄、哥哥、学长们。每次周会上邀请比较有名望的人来讲演一些大道理,我倒觉得对我的影响并不多。"

教学是一种多边互动关系,李远哲以自己的亲身感受强调了同学们之间双边互动的重要性。这段话对教师和学子们都具有很大的启发性。李远哲把这段时间积累下的经验带到了他以后做导师的教学过程里。新的学生进入李远哲的实验室后,头一年一定要先跟一个较有经验的高年级研究生做一些正面的研究,让他们在短期之内尝尝研究的滋味,也多学一点技术上的经验。李远哲希望他们能从此找到做课题研究的感觉。

进入台大一段时间后,李远哲习惯了学校的教学环境,他倒觉得老师虽然水平不高，甚至还有些懒惰，却不见得都是坏事。老师水平低，学生把生命把握在了自己手中，激发了好好学习的主动性。师长懒惰，不给学生习题，却给了学生时间，使学生可以聚集在一起讨论功课。充分的自由度创造了学生提高能力的机会，这使李远哲得到了一个经验："我就觉得我不能依靠老师，如果依靠老师的话，大概不会有很好的成就。"李远哲的这些经验非常值得正在求学的学子们深思。

李远哲在学兄的指导下，计划了自己的学习蓝图。他的学习计划和学校的课程安排有很大的出入，为了实现自己的计划，很多的课李远哲一堂都没上过。这有两种原因：一是课程表中的课和他选听的一些课时间上发生冲突，他必须舍此顾彼。二是老师讲课讲得太慢，李远哲觉得要是自己看书，差不多要快三倍，既然这样，为什么要坐在那儿呢？时间对于李远哲是宝贵的，为了珍惜分分秒秒，在上课的时间里，他把自己关在宿舍里，潜心于知识的海洋。李远哲认为："好好把握自己的生命。为了达到这个目的，就应该好好把握自己的时间。"逃课对于李远哲和许多做学问的人来讲，是变被动为主动的手段。

爱因斯坦在跟着韦伯教授学习物理学时，就经常逃课。因为韦伯是一个杰出的电工学家，在理论物理领域内知之不多，爱因斯坦听他的课从来没有满足的感觉，就像饥饿的人难以饱腹一样。后来爱因斯坦索性不再上韦伯的课了，他宁愿待在家里自己攻读。时间一长,韦伯发现他上课的时候,爱因斯坦的座位老是空着,他想知道这个与众不同的学生发生了什么事情而经常缺课。有一天他终于捉住了这个眼睛炯炯有神、却须发不整、不修边幅的年轻人。"爱因斯坦,你应该给我一个解释。"韦伯单刀直入地说。爱因斯坦好像没有觉察到老师一脸不快的神色,真诚地看着老师说:"您是说缺课的事吧?我是这样想的,我在家自己看麦克斯韦、基尔霍夫的著作或许会更快更好。"韦伯的自尊心受到了伤害,他向爱因斯坦吼叫:"爱因斯坦,你很聪明,可以说聪明绝顶,但你有一个缺点,你不让人教你。"韦伯话一说完,就夹起书本拂袖而去。

爱因斯坦可以这样,李远哲为什么不可以这样呢?逃课对他们来讲可不见得是坏事情。

李远哲觉得,一个学生如果被老师牵着鼻子走,迷迷糊糊地上学,每天不是上课就是做习题,就会成为教育的牺牲品。学生不应该把自己的学习交给老师安排,应该做时间的主人。

在许多科学家成长的过程中,都曾有过逃课的经历。这说明当课程设置阻碍了个性的充分发展时,逃课是他们调整自己,拯救自我,以期得到最大进步的最佳选择。既然如此,教育对逃课现象难道不应该宽容些吗?

大一的生活使李远哲感受到:一个人有了明确的目标,有了追求目标的勇气,有了对研究领域的兴趣,就把生命把握在了自己的手中。

2. 在台大第一次得到嘉奖

50 年代的台湾大学,大学生的生活相当清苦,当时每人的伙食每月只有新台币 120 元。学校当局为了锻炼学生的自治、自理能力,为了让学生能吃得饱一点,采取了学生自办伙食的办法。一些管理伙食的学生为了自身利益,不交伙食费;一些学生每到用餐时,到餐厅里盛上一些不需要交付餐金的饭,再到外面买些便宜的菜吃,惹得许多学生不满。

李远哲觉得这些同学如此投机取巧太没出息。日子固然穷点,但正是在穷日子中才能表现出一个人的气节,有的人是"人穷志短",有的人却是"穷且益坚"。李远哲很推崇那句古话:"贫贱不能移,威武不能屈。"一个人贪图小利,损人利己,以后怎么堪当救国救民的重任呢?

李远哲对第八寝室同宿舍的同学们讲:"大学生不应该这个样子,为什么不老实、不努力呢? 伙食不好好办,大伙也都吃不好。"他向室友们提议:下学期我们申请自己办伙食,给他们做个样子看看。第八寝室的 12 个人一拍即合。第二个学期开学后,在李远哲的领导下,他们伙食办得非常认真。他们调查了市场的行情,计算了营养含量和搭配,甚至精细到一斤花生米有多少粒,一顿菜要用多少颗。第八寝室用认真和无私把伙食办得非常好,不仅大家吃得饱、吃得好了,还增加了协作的团体意识。第八寝室一下子成了同学们闲谈的话题,12个室友成了全校同学们心目中的新青年形象。

寝室独立办伙食成了学生们仿效的样板,有些寝室主动找到李远哲,要求允许他们来第八寝室包伙。学校几年来为之头疼的伙食贪污和投机之风一下子得到了改观。学校领导看到这样的新气象,对第八寝室予以嘉奖。李远哲感到很高兴,办伙食虽然不是一件了不得的事,但它可以让人看到一种改造社会积弊的希望,说明只要有热情、认真、无私的精神,任何事情都能做好。

李远哲在这件事情之后,心里更萌发了一种强烈的责任心,这就是他说的:"我们要做一个好榜样,使年轻人不再是那样子。"这话使人油然想起鲁迅先生在《自题小像》中写的那句诗:我以我血荐轩辕。

3. 差的学生很聪明

李远哲有自己评价学生的独特见解,他把学生分为好的学生和聪明的学生,这和世俗的印象定式反差极大。普通人认为好的学生一定是聪明的学生,差的学生就是笨拙的学生,为什么李远哲会这样划分学生呢？李远哲认为台大的同学中有很多优秀之士，同学之间在才能方面很难分出高下，他们的区别在于是否有锲而不舍的"傻子"精神。做学问的人每天都生活在挫折中，在挫折中挣扎。例如学习过程中遇到了很难的习题，绞尽脑汁，苦思冥索，尝试了许多方法都失败了，最后束手无策。抬头望天，月明星稀，心里好生灰心，脑海里浮出一个巨大的问号：我这么笨难道还想做科学研究吗？李远哲认为："这种疑问大家都会有的，如果你有很坚强的意志，现在想不出来，明天睡醒再做，再深入地去探讨，便能解决难题了。"

李远哲做导师后，做过更精辟的分析："和学生一道做实验碰到一些困难，好的学生第二天会来告诉我说，我们应该这么做，这么尝试。比较差的学生很聪明，他回去就睡觉了。"差的学生很聪明，这是一句充满着诙谐的警句。聪明在哪里？聪明在知难而退，聪明在知其难为而不为之。这样的聪明换来了安逸，却少了建树。在这个世界上，任何方面的成功都要经过过关斩将、攻城略地的奋战，天上掉馅饼的事是绝不会发生的。

李远哲认为："真正做出一些事情来的人，往往是紧跟着问题，紧追不舍，追根究底的人。"

4. 转入化学系

李远哲在台大读了近一年的化工系，在快要升入大二的时候，一种改系读书的念头愈来愈强烈，最后竟成了毫不动摇的决心。本来，选报台大化工系，既是为了满足父母的意愿，也是为了实现自己当工程师的愿望。李远哲少年时读了很多书，有一本是描写苏联五年计划的故事，书中歌颂了工程师的伟大，他们把一个落后的国家建设成了工业化的强国。应该说在刚进入台大读书的前后，李远哲的心中还没有将来一定要干什么的清晰的目标，理想是朦胧的。进入台大后，李远哲一面贪婪地读书，一面选择着自己觉得更好，可以有所作为的专业方向。那时化工系的学生从宿舍到教室，每次都要经过二号馆，二号馆的化学系教授们勤奋地做实验，常常到深夜，是所有系中工作时间最长、熄灯最晚的。李远哲看在眼里，情动心中。"只有化学系的教授真正在做学问"成了他深刻的印象。李远哲读了不少其他系的专业书籍，也认识了许多其他系的教授和同学，其中化学系的林耀堂教授给他留下了很好的印象。林教授治学严谨，学识渊博，待人谦和，工作认真，热情诚恳。李远哲回忆起大一的日子时说："林耀堂教授对我影响最大。"说林教授促使李远哲改选化学系或许不无道理，因为爱屋及乌是常有的事。但改系的重大决定还有着必然的因素：李远哲大一读了热力学、量子力学、原子物理学等物理系的专业书籍。他掌握并感兴趣的知识体系愈来愈明显地进入了物理化学的领域，而化工系中的内容和这一知识体系逐渐剥离。李远哲想深入了解这一知识体系的深奥，改学化学系就成为顺理成章的事。

化学系分析的课程很多，分析的分量很重，如定性分析、定量分析、有机分析、仪器分析等，台大有机化学所做的天然物分析实验就十分有水准。在化学系几年的学习中，许多人不愿意把时间花在实验室里，实验室的工作需要足够的耐心和追求完美的百折不挠的坚强意志，有时候发现了实验中的漏洞，再花上三五个小时，漏洞反而会变得更大，叫人感到气馁，觉得枉费了许多时间。李远哲从不这样想，他认为失败是成功之母，成功是点点滴滴累积而成的。每次实验他都制订尽可能周详的计划，从实验方案的设计到操作的具体实施。失败后他又冷静地分析失败的原因。一个实验为了得到准确的结果，他会做上许多次。李远哲深知科学实验的艰巨性，它需要科学家具备细心和敏锐的观察力。发明青霉素的弗莱明就是在一次偶然的情况下完成这一重大发现的：有一天晚上，他没有将培养葡萄球菌的培养皿盖上，结果落进了一种青霉菌，粗心的人会把它一倒了之，但弗莱明却做了细心的观察。培养皿中出现了许多霉点，霉点周围的葡萄球菌都死掉了。弗莱明小心地把这种青霉菌取出来进行精心培养和研究,终于换来了青霉素这一造福人类的伟大成果。

由于李远哲的沉着和细心,在台大几年,他掌握了实验的很多操作技巧。有时候对一些实验题目他还能别出心裁地设计出全新的方案。台大培养了李远哲作为科学家的基本素质。

1959年6月,李远哲读完了4年台大课程,他的学习成绩除了工业化学68分,微积分70分外,专业课都在80分以上,俄文满分,平均成绩84.88分。单从分数来看,成绩仅属中上等,但他具备一般学生不具备的量子力学等极强的综合学科能力和学习研究能力,是台大师生公认的最优秀的学生之一。

5. 邂逅爱情

台湾大学最绚烂亮丽的时候是春夏之季,满校园的杜鹃花,红、白、紫辉映,似彩霞铺地。杜鹃花素有"花中西施"之誉,正处在花季年龄的大学生们耐不住花的芬芳,他们或饭后,或傍晚,徜徉于花丛之中。争奇斗艳的花朵、翩翩起舞的蝴蝶让他们陶醉,也撩开了少男少女的思春情怀。于是,花前月下,男女学生依偎相伴,喁喁私语,成了校园里又一道别致的风景。但这一切李远哲似乎视而不见,他好像生活在另一个季节、另一个世界中。那一簇簇的杜鹃花丛下绝难发现李远哲的影子,图书馆是他常去的地方。那时,李远哲的堂兄李远辉也在台大读书,他很佩服堂弟远哲的那份平静。堂弟的聪明好学、多才多艺在同学中是出了名的，他仪表堂堂、儒雅脱俗，是很多女生注意的对象。有一次他悄悄地问堂弟："远哲，校园里杜鹃花开得这么美丽，你怎么能够平心静气地在这里念书呢？"

李远哲笑了笑，用沉默回答了他。李远哲理解堂兄的想法，读书既清苦又让人寂寞难耐，他们要用爱情的欢乐填补心灵的空虚。对此，李远哲心里有一种沉重的感觉，国家近百年来内忧外患，国弱民穷，正当用人之际，一个青年如果沉湎于男女的卿卿我我之中，岂不是妄自菲薄！如若民族没有一大批忧国忧民之士，没有热血澎湃的年轻俊秀，国家何日才能强大起来？华夏民族何日才能挺立于世界民族之林？为了实现强国富民的抱负，李远哲把自己的时间表排得满满的，除了在不多的学习余暇时到操场上打打球之外，他的思想找不到半点空白，哪会产生这种闲情逸致呢！

其实在李远哲的内心深处，藏着一个美好的女性，她叫吴锦丽，也是新竹人，在新竹小学上学的时候，还是同班同学呢。吴锦丽聪慧美丽，一直是新竹小学最优秀的学生，她脾气谦和，沉着稳重，和同学们相处融洽，学习优秀，每次考试总是独占鳌头，在新竹小学的几年中，成绩都在李远哲之上。小学毕业后，李远哲升入新竹中学，吴锦丽则升入新竹女中。虽然分开了，但吴锦丽的品学兼优给李远哲留下了很深的印象。一有了距离，印象反而丰满了、清晰了。有时两人见面的时候,李远哲脑海里会突然跳出来一起学习时的镜头。"一个不错的小女孩。"李远哲心里记着吴锦丽。

几年后,两人又同时升入台湾大学,吴锦丽学外语,李远哲先学化工后学化学。虽然不在一个系,但在课下、在餐厅、在图书馆也有不少碰面的机会。刚进台大时,因为新的进步彼此谈话时都很激动,他们说理想,谈往事,讲各自的学习情况,感到有说不完的话。看到当年那个清纯的小女孩现在成为一个楚楚动人的美丽少女,李远哲心里常涌出一种异样的感觉。而吴锦丽每当与英俊潇洒、谈吐不俗的李远哲在一起时,也常有一种特别的喜悦和激动。两小无猜、青梅竹马的儿时伙伴已到了萌生情爱的年龄,没有表白,没有誓言,两人真诚相爱了。人到了相知的地步,一举手一投足,一个眼神,都具有语言的功能。两人的心心相印比那种海誓山盟的爱情更纯洁、更真挚、更牢不可破。他俩都知道对方内心世界里志存高远,怎敢用儿女情长毁了心中的太阳? 他们知道爱情不是理念的东西,感情泛滥的时候犹如洪水猛兽,会淹没吞噬掉一切。他们必须筑好大堤,让感情的洪流顺着河道缓缓地流淌。李远哲是个有着钢铁般意志的人,他那不妥协的人生信念中包含着对感情的不妥协,为了宏伟的目标,他认为必须全身心投入。他心里永远记着培根的那句话:真正伟大的人物,没有一个是因为爱情发狂的人。因为伟大的事业抑制了这种软弱的情感,爱情一旦干扰情绪,就会妨碍人坚定奔向已定的目标。

李远哲过着苦行僧般的生活,虽然台大经常举行舞会,虽然李远哲多才多艺,但他从不涉足舞场,没有跳过一次舞。李远哲给人讲了他这时的心情:"我一颗沉重的心,就是两只脚也跳不起来!"他批判那些拿时光赌青春的同学:"每天陶然自得,自觉很开心,我也想不出他们为什么能够这样子。"

人们提倡互相理解,就因为彼此理解起来并不容易。你看,有些人对李远哲在杜鹃花开的季节里躲在那里读书感到困惑不解,同时李远哲对他们沉溺于缠绵的情爱之中也感到难以理喻。真是一者是"花开堪折直须折",一者是"莫等闲,白了少年头,空悲切",当"道不同"时实难"相与谋"啊。

有些人的爱情像一堆干柴点起的火,熊熊燃烧,炽烈夺目;有些人的爱情像一坛经过时间发酵的老酒,味儿醇美绵长。李远哲和吴锦丽的爱情属于后者。为了实现一种更高的人生价值,二人采取了一种理性的方式压抑着。他在日后讲起这段时光时说:"并不是我没有感情,而是自行压抑住……我并不是说,我在感情方面没有吃过苦。"

这种理性方式,是他们不约而同的共识,成了他们谁也不会违背的规定,相见的时候,讲什么或不讲什么,二人都心照不宣。

台大毕业后,李远哲到台湾"清华大学"研究所继续学业,吴锦丽回到新竹女中做了一名教师。这时的李远哲还在攀登科学险峰的山坡上寻觅着登山的蹊径。他们俩决定延迟结婚的日期,这个决定意味着他俩还要将感情的发展囿禁于理性的藩篱之中。李远哲能做到这一点,但也感到了痛苦。每当他走进实验室,就忘记了一切,实验中的问题和解决的方法充满了脑海。工作着是美丽的,工作能使人忘记苦闷和烦恼,何况李远哲对所研究的领域有着极大的兴趣呢!在不工作的时候,就想起吴锦丽来,她的一颦一笑像刻在心里一样。和她相会的镜头一遍一遍地出现在脑海里,他咀嚼着吴锦丽给他说过的每一句话,全身心充满了幸福。他有时又自责起来:我怎么能这样没完没了地相思呢?我应该抓紧时间读书!

有一次,他把自己的这种矛盾彷徨的心绪说给吴锦丽听,她抓住他的双手激动地说:"你工作的时候心里不能想我。你不工作的时候,心里不能有其他。""清华大学"离新竹女中有两三公里的路程,每当李远哲深夜走出实验室眺望着新竹女中方向的点点灯光,心里涌起的是咫尺天涯的感觉。可当李远哲三脚两步走完两三公里的路途,赶到新竹女中见到了吴锦丽的时候,心里涌起的又是一种天涯比邻的感觉。李远哲尽可能地减少两人在一起的时间,每当情思难禁的时候,他就吟唱"两情若是久长时,又岂在朝朝暮暮"的词句。

6. 兄弟姊妹之间

李远哲同胞兄弟姐妹 8 人,加上堂兄弟姐妹有十几人。受上辈的教育和影响,兄弟姊妹之间的感情一直很好,兄友弟悌,姐贤妹恭,他们相亲相敬,互相帮助,手足情深。李远哲小时候处处受到兄姐的关爱照顾,在求学过程中又经常得到哥哥与堂兄的指点帮助,这使他受益匪浅。李远哲是一个重感情的人,也像兄姐关爱自己一样关爱着弟弟妹妹,时时关心三个弟弟、两个妹妹的学习、生活和成长,经常给他们以指导和劝诫。

进入大学以后,因离家远不能日日回家,他就常给弟弟妹妹写信,以自己的经验和教训指导他们应该如何读书和做人。弟弟远钦至今保存着二哥远哲在台大念大一时给自己的两封信,他对人们说:"这两封信对我一生影响太大了,好像一颗启蒙的种子,使我毕生受用无穷。"

李远哲在第一封信里,指出弟弟已是高二学生了,高二是中学的黄金时代,希望远钦能够把握青春的活力,好好磨炼自己。信中他和弟弟谈了学习与理想的问题,要求弟弟正确处理学习功课与读课外书之间的关系。英文、数学等基础课一定要学好,认真做化学实验,增加一些实际知识和操作能力。读课外书不能再限于小说了,要多读正经书,学会利用图书馆。他强调说:

"如果你不多读些正经书的话，也许你对事物的看法想法会永远很幼稚，精神年龄永不会增高。我希望你在阅读书籍的正确道路上，能够找到自己的理想，找到人生最正确的途径。……现在是你一生最重要的转折点，如能好好利用，也许会有重大的收获。"

他还关照远钦好好锻炼身体，注意督促弟弟妹妹们读书。

第二封信较短，主要谈如何读书的问题，他精辟地向远钦指出：

"看书很好，但要认真看。你不但要彻底了解作者为什么这么写，怎么会这么写，而且还要不忘记我们生活着的现实。对一本书，你要持一种批判的态度，作者是否错了，为什么？作者的哪些想法是可取的，是正确的？

"最好也做些笔记，好的地方，自己的感想，都可好好写下来。如果认真看，一两本书可以改进你的一切——生活态度及人生观！如不认真看，不管你看多少，还是一样浅薄。"

他对弟弟远钦的关切之情、爱护之意跃然纸上。

李远哲对小弟远鹏的帮助也让他终生难忘。李泽藩先生对孩子们有一条不成文的规定，即谁的成绩好就去参加谁的毕业典礼，否则坚决不去。远鹏学习虽然很努力，成绩却不好，父亲便拒绝参加他的小学毕业典礼。远哲认为各人的能力、条件不一样，但只要他尽到了努力，就应该得到认同和尊重。再说单凭分数并不能判断一个学生的优劣。他看到小弟很伤心的样子，就对父亲直言提出自己的看法，认为父亲这样做是不恰当的。父亲非常生气，大声斥责远哲："你竟然教训老子，知不知道做儿子的规矩！要去你去好啦！"

李远哲看说不动父亲，便当真代表父亲去参加了小弟弟的毕业典礼。远鹏很受感动，也很受震动，以后他在兄姐的帮助指导下勤奋学习，和远哲一样获得了博士学位，成为台湾"清华大学"的化学教授。

李远哲对小妹季眉同样关心爱护，经常嘱咐几个大点的弟弟妹妹要多关照季眉，好好同她讲话，不要大声责骂。在"清华大学"读书时，离家比较近，他几次带季眉参观"清华大学"校园和他的实验室，给她讲解一些基本的科学知识。1960 年 12 月13 日，李远哲特地从"清华大学"打电话给自家的邻居，请他告知家人出来看人造卫星，回家后又给小妹解答了人造卫星如何在天上运行而不掉下来等问题。当时还在上小学的季眉对此事印象深刻，特意在当天的日记上记下了这件事。

7. 在台湾"清华大学"的那些日子

1959 年秋天，李远哲考上了台湾"清华大学"原子科学研究所的硕士研究生。台湾"清华大学"创办于 1956 年，坐落在新竹市郊外,离台北市不足100公里,学校规模虽然不大,但景色宜人,每当春雨过后,微风送来远方茶树嫩叶的清香,时而传来采茶女的婉转歌声。山坡上碧绿青翠,树林里小鸟鸣唱。小径蜿蜒,小径两旁是杂木林。李远哲每天都要在这山间小径上往返,却全无心旷神怡的雅趣,这一方面是因为时间紧张,来去匆匆,另一方面是因为山上常遇毒蛇咬人。李远哲时常在实验室工作到深夜,为了安全,他都是一手拿着手电筒,一手拿根竹棍小心翼翼地走过山道。

李远哲在"清华大学"的3年中,遇到了一些令他难忘的事情:第一学期结束后学校举行了量子力学的考试,李远哲和同学们较为顺利地答完了试卷,大家都以为会得到一个不错的分数,但分数公布后,大家都傻了,全班竟然无一人超过50分。怎么可能呢?李远哲也感到很纳闷:量子力学是他上大一时就和学兄们啃下的一门功课,其中许多地方,他和同学们在台大二号馆的后面经过讲解、争论,内容熟悉得很。任课老师也怒气冲冲,诸弟子中无一人及格太令人败兴。他责骂学生笨蛋,不讲道理地吼叫一通之后,让学生坐到教室去,要再讲上一遍。待到校对答案的时候,这位老师才不好意思地发现是自己搞错了50%的题目。发生了这样的事,一些同学一下子没了情绪。在台大时学生们对一些教授就颇有非议,他们调皮地称之:一流的学生在二号馆里跟三流教授做研究工作。有些人用"一、二、三"浓缩了这个笑话，只要说到"一、二、三"大家都心领神会。现在同学们又记起了这句话。一些人在出列练操时呼着"一、二、三"的口令，并对一些感到大惑不解的人嘲讽地说："应该是一、二、一，可我们学校是一、二、三。"李远哲自然也希望师资好一些，俗话不是说"名师出高徒"吗？但，师资也像社会的一些积弊一样，绝非一朝一夕就能有所改观的。他回想起台大时许多教授不懂得量子力学，即使在普通化学里面，磁场中电子如何旋转，有些教授都讲不对。但自己的量子力学学得非常不错，靠的是什么？是自己。学习要靠自己，依赖任何人都是不可能的。就像一个化学反应一样，系统内各物质的本身结构和特性决定了发生的可能性，而外界条件只能影响反应的程度和快慢。教师只能帮助学生在到达成功的路径上少走弯路，而成败则决定于个人的勤奋和悟性，一切因循苟且、依赖师长、怨天尤人的行为都是惰性的表现。李远哲从中学、大学到研究所，在不太好的学习环境中，不依赖学校和老师，凭着自己的力量，培养了克服困难的精神，即便在最艰苦的时候也咬牙坚持下去，在同辈中成为优异的人才。李远哲主张自立自强，但也从不放过向人学习的机会，他的真空技术和核子物理中的计数方法就是在"清华大学"研究所中学到的。

李远哲跟王企祥教授学做了结晶构造，最让他感到困难和高兴的是，他和同学们做成功了合成三环戊二烯化钐的实验。

三环戊二烯化钐属于金属夹心配合物。环戊二烯基能与金属原子生成化合物人们早已知道，但直到 1915 年，英国人和美国人才第一次合成了环戊二烯的配合物——二戊铁，从此引起了人们广泛的研究兴趣。

三环戊二烯化钐娇贵得很，它一遇到空气立即就发生燃烧，仅此一点，就可以想象有多困难。为了保证实验的成功，必须使反应系统处在一个较纯的真空环境中。为此李远哲和同学们想了许多办法，改进了实验装置中的许多环节，一次次失败，一次次重新做起，同学们都处于一种亢奋痴迷的状态中。在失败的时候，导师严厉地批评了他们：人家做出来了，你们做不出来就是笨蛋。导师的话激励着他们，他们心里都憋着一股不服输的英雄豪气。

李远哲几乎没日没夜地泡在实验室里，他和同学们克服了一个又一个困难，没有真空玻璃塞，他们就自己到玻璃工厂里磨。有时候，眼看即将成功了，因为一处操作不慎或一处装置漏洞而前功尽弃，他们就更加细心地琢磨每道程序和每个步骤。眼睛红了，眼圈黑了，人瘦了，他们矢志不移，终于成功合成了三环戊二烯化钐。在一种相当简陋的条件下，一些没有经验的学子能完成这项工作是十分了不起的。

在"清华大学"的最后一年，还发生了一件让李远哲遗憾终生的事情。

当时,一位叫滨口博的日本化学教授担任李远哲硕士毕业论文的指导老师。李远哲按照滨口博指导的方法对一种结晶的同位素进行分析,但过后他感觉滨口博的方法不对,便按照自己的方法重新做了分析,结果比用老师的方法更好。所以,在写毕业论文时李远哲把自己得的分析数据写了进去,并将论文寄给已回日本的滨口博批改。滨口博看了论文,把李远哲的数据都改了,还在信中霸道地说:"我是老师,懂得比你多。你的结果错了,应按我的正确结果才行。"

李远哲回信申诉自己的理由,但滨口博坚持己见,信中说了一些更为专横和尖刻的话。临近毕业,李远哲必须写出论文,无可奈何之下,只好按滨口博的意见完成了论文。

这次迫不得已的妥协,使李远哲久久不能释怀。26年后的1987年,他在北京给学生作报告时再次提起:"到现在,我仍然感到很遗憾,这毕竟是种封建的观念,他觉得他是老师,有权威。我觉得这样对待科学,是很不好的。"

在"清华大学"的几年里,李远哲实实在在做研究工作,收获很多。

李远哲后来在回忆起这段日子时感慨地说:"我们真的是努力过,在那么不容易的环境里,也坚持下去,晚上也做,星期六、星期天也做。跟日本教授滨口博先生做分析,要用到三次蒸馏水。在美国一打开管了就有蒸馏水跑出来。我们的三次蒸馏都是用自己做的装置完成的……我觉得这几年对以后在美国留学,是有很大帮助的。"

五

就学术环境来看的话,跑到美国的一流大学,是比在台湾受教育要好很多,因为这些一流大学有很多懂得科学的人。如果有机会到很好的学校里面做研究工作,大概还是值得到国外去念书的。

1. 更上一层楼

1961 年,25 岁的李远哲取得了台湾"清华大学"的化学硕士学位。这在台湾学界已达到塔尖位置,各个大学都还未设博士学位,要想更上一层楼,就必须走出国门了。李远哲一边在"清华大学"担任助教,一边准备出国。他特意找到女友吴锦丽,把自己想到美国攻读博士学位的想法向她和盘托出,看着吴锦丽美丽的大眼睛,希望听听她的意见。吴锦丽莞尔一笑,显得愈发可爱,爽朗地说:"真是英雄所见略同,我也正有此意。我不但完全赞成你去美国深造,而且我还要陪你一起去读书。"虽然结果在他预料之中，但锦丽的话还是让他高兴，特别是锦丽要陪同去美国的决定更让他感动，心上人的支持愈加坚定了他的决心。

到美国哪所大学去呢？李远哲选中了位于伯克利市的加利福尼亚大学，向该校化学系提出了攻读博士学位的申请。

加利福尼亚大学在中国译为加州大学伯克利分校，或简称伯克利大学、加州大学。它历史悠久，创建于 1868 年，占地1232 英亩，是美国的最佳大学之一，以雄厚的师资和高质量的教学、良好的科研条件和优美的学习环境而闻名于世。学校设有一个研究生部和化学、工程、文理、环境设计、自然资源 5 个本科生院，以及商业管理、教育、新闻、法律、公众政策等 9 个专业学院。研究生部是全美最大的，研究生人数占学生总数的三分之一，每年有 500 多名研究生获博士学位。学校开设课程 5000多门，专业 300 余种，授予学位的学科 500 多个。学校实行一学年三学期制，以小班教学为主，大部分班的学生人数为十几人，毕业生质量很高。加州大学还有完善的科研系统，除拥有世界著名的劳伦斯辐射实验室等 20 多个研究所、中心、实验室外，系科之间都有研究单位，原子物理、化学、生命科学等学科享誉世界。有校图书馆、莫菲特图书馆及 23 个专业图书馆，藏书量达600 万册。还有劳伦斯科学馆、古生物博物馆、动物学博物馆、人类学博物馆及可容纳万人的赫斯特剧场。

但是加州大学管理严格,对学生的入学条件要求极高,还规定博士研究生必须先当一个学年的助教,他们认为学生要想当得好必得先当好老师。所以他们不愿意接收一个他们毫不了解其水平的学生。加州大学以一种客气的方式拒绝了李远哲的申请,回信说他们不了解一名外国学生的能力,怀疑他的英语水平是否胜任助教工作。李远哲沮丧极了,他非常想去加州大学,可是人家不愿接收。这时芝加哥大学、耶鲁大学都来信表示可以接收并提供奖学金。去不去呢?李远哲犹豫着。关键时刻,"清华大学"的一位教授和加州大学的布鲁尔教授很看重李远哲,得知他想读加州大学,便极力推荐,加州大学终于同意接收他为博士研究生。赴加州深造,对李远哲来说,是他人生道路上的一个重要转折点,极大程度地影响了他的人生方向。

吴锦丽给旧金山大学的入学申请也获准了。1962年,一对心上人整置行装,辞别父母,共赴大洋彼岸的美国。

2. 加州大学好读书

加州大学位于伯克利市的东部,旧金山海湾的海滨,登上学校的钟楼就可以俯瞰秀丽的海湾景色,校园内绿树掩映,整洁有序,环境非常优雅。李远哲为能进入这所世界一流的大学而兴奋,他决心利用这里优越的条件好好学习,努力攀登科学高峰,不辜负父母及祖国亲人们的期望。他说："我知道父母希望我能好好学习，做个顶天立地的人，他们没有传统的'反哺报恩'的期待，只希望我能努力上进，为人类社稷做出贡献。"

李远哲进入加州大学后，先在化学系攻读博士学位，1965年6月获得化学系博士学位，接着又在该校劳伦斯实验室做了一年零七个月的博士后研究。在加州大学近5年的学习生活中，李远哲一直师从马汉教授。马汉教授的教学有一个特点，只交给学生研究课题，很少给学生具体的指导，从不告诉学生做实验的方法步骤。这更利于培养李远哲独立思考和独立操作实验的能力，他充分利用各方面的条件，积极主动地学习。他认为学习应该靠自己，没有哪个人主要是靠听课成为大科学家的。课堂只是帮助学生学习一些系统的知识，最重要的还是要会自己获取学问。在加州大学4年多的独立训练，李远哲学习了很多理论与实验知识，掌握了一套终身受益的做研究工作的方法。

开学以后，李远哲在学习理论知识和做助教工作方面很快适应了，扎实的基础知识功底使他学习、工作都轻松自如。但在实验室里，他感到了和在外国受教育的学生明显的差异。外国学生使用精密仪器表现出较为娴熟的功夫，在实验装置出现故障的时候，他们一边思考一边摆弄，三下五下，问题很快就解决了。李远哲却不行，在国内大学实验条件不好，实验的机会也少，一些仪器如激光仪、质谱仪等从来没有接触过，自然谈不上熟悉。造成这方面差距的原因有多种：一是科学和经济发展的不平衡；二是东西方文化不同及由此形成的迥异民族特性。有人说中国那句"劳心者治人，劳力者治于人"的古训是中国人心灵手拙的成因。据说杨振宁到美国，一开始在安德逊教授指导下做实验物理方面的研究，因为在中国没有动手做实验的机会和经历，所以赶不上美国同学。比如检查加速器漏气，需要抹上肥皂水找出漏气的地方，杨振宁就显得没有经验，而美国同学两分钟就解决了。据杨振宁说："一次电子设备失灵了，他们中的一个人走上去只踢了两脚，毛病就消失了。他们有一种自己也说不清的判断能力。"后来他考虑了自己的条件，感到自己确实不能做一个很好的实验物理学家，就改行专业从事理论研究。杨振宁的这段经历说明了正确选择专业方向的重要性。

李远哲虽然不熟悉精密仪器的使用，但动手操作能力不弱。这主要得益于父亲对他的影响，他从小就爱跟着父亲制作玩具，长大接触自然科学后，对实验发生了浓厚的兴趣，后来又在"清华大学"经过了一些实际的训练。李远哲自信自己能很快驾驭复杂的仪器，不会比同学中任何人差。他知道劳伦斯实验室的名字意味着什么：劳伦斯是加速器的发明者，读书时的成绩在全班是最差的，同学们谁都看不起他，但他研制成功了加速器，使物理学研究为之改观并获得了长足的进步。他暗暗告诉自己：我一定要做出成绩，不逊于劳伦斯，决不辱没劳伦斯实验室中国人的名声。经过一段时间熟悉适应，李远哲成了实验室里试验做得最好的一个。碰到问题，遇到困难的时候，他都能找到问题的症结和解决的方法。有人说他有很多灵感，殊不知李远哲流出了比别人更多的汗水，李远哲曾感慨万千地说："这些灵感往往都是经过日日夜夜的努力发展出来的。……我的脑筋里有很多事情想做，用哪些方法做，才会比别人做得更好。"

在加州大学化学系，李远哲的勤奋好学是出了名的。他利用一切可以利用的时间学习，早上和夜晚，假期和休息日；他利用一切可以利用的条件学习，图书馆、阅览室和实验室；他还向一切可以求教的人求教，包括自己导师以外的学校教师，以及学长和同学。在这里，他还是一如往常，坚持自己独立思考的精神，不轻信和盲从老师与书本，对于自己怀疑的理论和观点总要探讨研究，弄清楚才罢休。有一位教授常常给李远哲提一些建议，说应该怎么做，李远哲后来发现这位先生的话并不太对。李远哲想：我不能依靠老师，如果依靠老师，失去了独立思考的创新思想，大概不会有很大的成就。第一学期开设的课程中有理论有机化学，李远哲对书中一些理论观点从量子力学角度提出了自己的看法，他不顾考试分数的高低，决不接受自己认为不妥的观点，后来他的看法被证明是对的。

3. 实验精神

李远哲获得诺贝尔奖以后，曾经有一个学者问他："您说过拿到博士后曾经想回台教学研究，如果当时回去了，今天您会拿到诺贝尔奖吗？""我想不会的，不会，绝不会，绝不可能。"李远哲用一句比一句肯定的语气回答。李远哲认为当时若回到台湾，就不会站在科学研究的最前端，他又进一步地做了说明："我现在大半的时间是花在实验室里面，如果我回到台湾的话，大概会花费更多的时间在实验室外面。"从李远哲的一番话中，我们可以了解到他决定留美的一个主要原因就是那里可以进行卓有成效的实验，实验在他一生的科学活动中占据着极为重要的位置。

李远哲是华人在化学领域中获得诺贝尔奖的第一人。他是用非常精密的装置完成了非常困难的实验，这一点对善于动脑拙于动手的东方人来讲更有着特殊的意义。他向世人表明，中国人只要有精卫填海的精神，经过艰苦卓绝的努力没有做不到的事情。李远哲对实验有着浓厚的兴趣，他认为实验犹如探险一样，深入茫茫大森林中，发现很多新奇的东西。在高中时代，他就热衷做一些简单的化学实验，对实验过程中出现的现象进行细致的观察。进入台大和"清华大学"后，他更把实验当作主要的学习手段,虽然实验设备比较简陋,他还是一有时间就到实验室去。几年台大生活给他留下的印象是:"化学系有一个好处是至少每个下午可以做实验,定性分析、定量分析、有机分析、物理化学,做得还比较认真。所以我们在实验课程里面,至少还学了一些做实验的方法。"回忆起在"清华大学"的岁月,他又说:"我在'清华大学'研究所也学到一些东西,像近代物理实验,那时整个实验都是自己摸出来的……我跟王教授做研究工作的时候,学了不少东西,但并不是跟他学到的,而是从他要我们做的实验过程里面学到的。"加州大学有一流的实验室、一流的实验设备,李远哲就更喜欢做实验了,他一进实验室就忘记了时间,有时夜以继日,连续几天都沉湎于实验里。

李远哲深刻认识实验的意义,非常清楚实验在科学研究中的重要性。日本著名物理学家汤川秀树,1935 年提出了核力的粒子设想,并算出粒子的质量约为电子质量的 200 倍,1947 年由于利用核乳胶,在宇宙线中发现了这种 π 介子,从而证实了汤川秀树的假设,并发展成为科学的理论。物理学家杨振宁、李政道发现了弱相互作用下宇称不守恒的定律,吴健雄用钴-60 做实验,她将钴-60 冷却到几乎接近绝对零摄氏度,使钴核的运动停下来,终于证实了杨振宁、李政道理论的正确性。可以说,实验是检验真理的标准,是自然科学中的一项法则。理论须实验证明,脱离科学实验,理论就不会有新的发展。中国一句诗说得好:问渠那得清如许,为有源头活水来。从某种意义上讲,实验就是科学的源头。

科学研究和实验需要一些志同道合的人合作完成,这一点愈来愈成为现代科学的显著特点。有人统计,从1901年首次颁发诺贝尔奖奖金到1972年止,在286位奖金获得者中,有185人是与别人进行各种形式的合作研究获奖的。并且,因协作研究获奖占获奖人数的比例逐渐上升,诺贝尔奖设立的头25年为41%,第二个25年为65%,而现在则为近80%。在合作研究中,彼此的长短得到互补,这个人的一些看法和观点会激发起那个人的灵感,那个人的朦胧混沌的东西会被别人揭示和阐明。爱因斯坦有一句名言:没有许多人的无私合作,就得不到真正有价值的东西。李远哲也在同一位学者的谈话中说了下面一段话:"我必须把一个事情说清楚,今天的科学研究已不是个人的行为了。最近四五十年的科学研究与100年前的科学研究很不一样。100年前的科研常常是一两个很有想法的人躲在地下室日夜地努力,所谓的Lone wolf(个体)式的研究方式,常是个人的行为。但是近代科学的研究已是一个很庞大的社会活动,从物理化学、生物到其他的各种研究,很少是所谓一个人——不管他才能多大,智商多高……现代的科学活动是集合很多人的专长及才智,彼此互相帮忙,再经政府机构的财力支持,才可以做出一点东西。"李远哲又以不同国家的不同情况更生动地阐述了合作在经济较不发达国家的重要性："三四位志同道合的教授好好合作的话，可以找到一部仪器，不会比美国、欧洲的这些教授的设备差。而且如果三四位教授合作的话，这三四个至少得到博士学位的人，应该会比美国一般研究生的水准要高一点。所以，我在这儿一直说，要做一些群体的研究，大家应该合作，把资源合在一起。譬如说要做研究的话，如果我现在只有钱买一部激光机，做一个研究，是有限的。但是另外的教授也买了一部，三四个人合在一起的话，可以做很精细的研究工作。因此，如果我们学会怎样合作，找出自己的路线来，我想还是很有希望的。"

同人合作，完成科学的重大发现是李远哲实验精神的重要方面。

李远哲非常重视实验中的动脑问题，他认为实验必须手脑并用，才能抓住蛛丝马迹，发现实验中的疑点。科学家罗伯特·密立根在做一次油滴带电实验时，根据他观察到的数据，计算后发现油滴所带电荷竟然是分数电荷。这和人们普遍认为电子所带的电荷量是电量的最基本的单位，所有的电量必然是电子电量的整数倍的认识相矛盾。在通常情况下，一般人会把它作为实验不精确，观察不仔细导致的例外现象筛选掉。但密立根敏锐地抓住了这个现象，他预感到由此将会诞生新的科学理论，就忠实地记载了实验的各种原始数据和由此计算而得到的结果。

50年后这个在当时被认为是不可思议的分数电荷现象被美国斯坦福大学的科学家们所证实。英国化学家瑞利在提纯氮气的过程中,发现用不同的方法取得的氮气密度有细微的差别,从空气中取得的氮气,每升重1.2572克,从氨中取得的氮气每升重1.2560克,两者相差只有千分之一。瑞利没有简单地把它看成实验中的误差,而是抓住这一微小差别,溯根寻源,终于发现了新元素氩。

科学史上也有一些因粗心而和成功失之交臂、留下遗憾的故事。爱迪生做灯泡时在加热灯泡里的炭丝和铜丝中发现了电流,爱迪生没有重视这一现象,就匆忙把这一发现命名为爱迪生效应。他只认为可以用作计量器,对效应背后的电子则未加深究。后来英国科学家理查森从爱迪生效应中证明了自由电子的存在。另一科学家弗雷明也从爱迪生效应中发明了电子管。让李远哲感触最深的是关于X射线发现的过程:1879年,德国人克鲁克斯研究高真空放电管,在实验中发现管子附近的照片底片出现了原因不明的模糊阴影,他只怪自己不小心产生了阴影,没有多想。过了一年,英国人古兹别德和詹宁也演示克鲁克斯管后,又看到照片底片发了黑,他们一样表现了毫不在意的态度。此后两年,德国的物理学家在观察克鲁克斯管附近的荧光时,只注意研究阴极射线的性质,也没有对这种阴影给以注意。就这样,本来可以提前发现X射线的机会被接二连三地丢掉了。直到1895年，伦琴又发现用黑纸板盖紧的放电管附近荧光屏上产生了亮光，他敏感地抓住了它，通过研究，终于发现了X射线，成为19世纪末物理学上的重大发现。

正反两方面的经验使李远哲笃信：科学家不善于思考，不练就明察秋毫的敏锐洞察力，是很难在实验中捕获到重要信息从而实现历史性突破的。善思是李远哲实验精神的又一重要方面。

李远哲认为从事实验的人还应该具有细致入微的认真态度，这是科学家的素质要求。达尔文很幽默地说过一句话："自然界是一有机会就要撒谎的。"自然界有时确像高明的骗子，它不愿意人们走近它、认识它，它把面目装扮得扑朔迷离。它只在那些一丝不苟、小心翼翼的精工巧匠眼前展现出真面目。否则它就会瞒天过海，在你面前大摇大摆地走过。前车之鉴不少啊！比利时化学家赫尔蒙特做过一次所谓水能变土的实验，他用玻璃容器煮水，获得了少量沉淀物。他声称容器是洗净的，水是蒸馏水，沉淀物是在长时间沸煮后出现的。所以他断言水能变成土。200年之后，科学家拉瓦锡对水变土的观点产生了怀疑，他觉得一定是实验出了毛病，为了找出赫尔蒙特的错误，他重复了这个实验。他用一个密封的能反复蒸馏的器皿，并把加入的蒸馏水称了重量，然后进行反复沸煮。实验整整进行了100天，沉淀物又出现了。拉瓦锡想：沉淀物若是水变成的，水的质量必然会减少。可是经过分析,水的质量没有发生变化。沉淀物产生于密封的容器内,绝不可能是天上掉下来的。根据罗蒙诺索夫的质量守恒定律,如果有什么东西加到某种特质上去,那么也一定要从另一种物质里减去这样多的东西。拉瓦锡于是称量了密闭容器和水的总质量,发现也没有发生改变。"一定是容器本身重量减少了,沉淀物来自容器的减少",他觉得犹如灯光一下子照亮了黑夜。他称量了容器本身的重量,发现容器减轻了,而且沉淀物的重量正好是容器失掉的重量。他并不就此而止,又把沉淀物做了化学分析,发现沉淀物和容器的成分完全相同。于是他向世界宣布:水变土是错误的结论。李远哲非常钦佩拉瓦锡在实验中的精于设计和一丝不苟操作的精神,拉瓦锡用自己无懈可击的实验纠正了前人的错误结论。

拉瓦锡做的是重复他们的实验,之所以能得出不一样的结果,就是因为拉瓦锡在实验的每个步骤上都做得非常精细,分析得非常深刻。李远哲继承了前辈科学家细致严谨的工作作风,做研究总是认认真真,反复考虑实验中的每个细节,以防疏漏。他说:"细节的深入考虑,才是一个正确政策或方针能否成功执行的保证。"他小心翼翼地思考每一个步骤,并把各种可行的方法一一比较,他认为一着疏忽整个实验就会前功尽弃。如果实验的每个微小环节都能比别人略胜一筹,整套实验就会比别人强上许多倍。

坚持真理、不妥协是李远哲实验精神的另一方面。

　　李远哲常跟人说："现实的社会里很容易妥协的人，一定不会变成一个好的科学家。"在追求科学真理的人生道路上，他坚持实事求是，既不迷信老师、权威和书本，也不接受别人强加给自己的观点。在加州大学读书的第一年，李远哲对理论有机化学中的一些观点有异议，他就直言不讳地跟教授讲："您讲的东西，我不一定接受。而我一旦不接受，在脑中就不会记得清楚。"考试的时候，他宁愿不得分数，也不肯按自己不同意的理论答题。他认定一个道理：在科学上必须有勇气坚持真理，妥协对科学害莫大焉。科学史上这方面的教训不乏其例：曾经有两位生物科学家偶然发现注射了番木瓜蛋白酶之后，兔子的耳朵变得松软，这一现象与"软骨是一个相对无活动能力的组织类型"的本体论观念相抵触，结果因为二人没有勇气冲破旧观念而使一个科学发现推迟了时间。20世纪初，德国物理学家普朗克为解释黑体辐射现象，提出物质辐射能量只能是能量量子的整数倍的假说。这是物理学上的革命性进展，但是由于他不敢反对和怀疑瑞利、金斯、洛仑兹等科学名流，更害怕违背绝对真理——牛顿力学，因此在如何将量子纳入经典物理学范畴的问题上犹豫、徘徊了15年，还是让降临面前的科学真理之神溜走了。向经典理论的妥协使得普朗克打开了量子力学的大门，却没有勇气迈进去。后来弗朗克和赫兹用实验证明，量子能是一个客观事实。整个科学界都为普朗克扼腕叹息。

当然，不向权威妥协终获成功的例子也数不胜数。科学家米勒在还是研究生的时候，有一次设计了一种实验：模拟原始地球的还原性大气条件从无机物中产生有机分子。但这一设想遭到了导师的激烈反对，认为绝无可能成功。米勒重新思索过以后，坚定不移地去做这一实验，终于从无生命体系中炼制出了多种氨基酸和其他有机物，在生命起源的研究上做出了重大突破。

李远哲与人谈起宗教话题时曾说："我没有信仰，所以一针见血地说，我并不信教。"确实，他不迷信神鬼，也不迷信权威，有的只是追求真理的科学精神。他对于自己要干的事情表现出十足的自信心，而决不妥协的品质就来自于这种自信，他的自信则来自于坚持不懈的努力。所以，持之以恒、锲而不舍也是他实验精神的又一方面。

李远哲认为，要做好科学研究，一定要有追根究底的精神。研究一个课题，就要持之以恒，不论遇到多少困难，都要坚持下去，不能知难而退。科研上的每个成功，其重要的因素是坚持。面对困难问题能够好好解决的，往往不是那些只有小聪明的人，而一定是那些锲而不舍者。他曾对学生说："实验很难，你即使夜以继日地做，做了百分之九十还不算什么，做了百分之九十九也等于零，要做到百分之一百才算数。"

1987年李远哲在天津南开大学给学生演讲时说："科学是

一个积累的东西，今天学明天学，越学越多，越学越好。""将来谁会成功，并不在于聪明才智的差别，往往是看哪个人比较能坚持，有毅力。我们做事情，往往会碰到困难。我的学生有时做实验做到三更半夜。一次，三个学生一道做，做得精疲力竭的，做不下去了，很气馁，回去睡觉了。但是其中有一个学生很不服气，他想，我们的构想是对的，思路是对的，为什么做不出来？他睡觉前，甚至做梦都在想这个问题。……这种锲而不舍，常常把一个问题留在脑海里的人，会是进步的人、成功的人。一个人做学问，通常是很顺利进行的时候，你不会学到很多东西。而遇到挫折、碰到困难的时候，要看你有没有那么大的毅力，好好分析问题的所在，好好检讨检讨走的路子是对是错，应该怎么走。有这种态度的人，才是会成功的人。"

他很赞同俄国化学家门捷列夫的一句话："终身努力，便成天才！"而他自己所走的道路也正体现了持之以恒的坚持精神。从在台湾大学学习到获得诺贝尔奖，他在化学领域顽强跋涉了31个春秋。获奖以后，也仍然在他的实验室里坚持不懈地努力。

李远哲把实验看成科学研究的重中之重，他在每一个实验活动中都投入了十分的热情和百倍的细心。所以，他的每一个课题实验都做得很好，赫希巴赫教授称赞他是"惊人的实验天才"。

4. 与马汉教授

李远哲进入加州大学时,化学系有两位博士生导师,即马汉教授和赫希巴赫教授,他可以在二人中选一个做自己的指导教师。李远哲同许多教授讨论研究工作,最后选择了马汉教授。马汉教授的实验室和赫希巴赫的实验室相邻,有一个房间还是共用的。李远哲很快就发现,两位教授指导学生的方法完全不同。当时赫希巴赫比马汉有名气,他对研究和实验都有周密的系统考虑,对学生的指导也具体而细致,从选题计划到研究方法、实验步骤,从实验如何开始到化学反应是怎样的,都有详尽的指示,他的研究生不论是研究还是实验,做起来都很轻松。马汉教授则与之相反,他不怎么管学生,很少进行具体的指导,更不告诉学生怎样去做实验。应该做什么,如何做,都要学生自己思考,自己拿主意,自己制订研究计划和设计实验方案。有一次,李远哲去跟马汉教授讨论研究工作如何安排,问他下一个实验怎么做,没想到马汉教授听完李远哲的话几乎生气了,冲着他高声说:"如果我知道怎么做的话,我们还研究它干什么? 正是因为我不知道怎样做,才要你去研究。既然你已经接受了这个任务,就应该自己去好好研究,然后告诉我应该怎么做。"马汉的一顿训斥让李远哲有点莫名其妙:学生请教老师和老师指导学生是很正常的,也是应该的,老师为什么要发火呢? 自己并没做错什么啊! 再想到平时向马汉教授问一些科学问题,他的回答并不完全正确,不禁又委屈又失望,有些怀疑自己当初选择马汉教授是否正确。

李远哲回到家里,对妻子吴锦丽说:"我选马汉教授做导师,恐怕是个错误。"

"你怎么会有这种想法呢?"

"马汉教授不肯指导我一些有用的东西,而且我每次和他讨论问题,他说的一些观点似乎也不对。"

看着沮丧的丈夫,吴锦丽温柔地开导说:"也许马汉教授不愿让学生依赖他。那你就应该自己努力呀! 你不是很有独立性吗?"

李远哲听了妻子的话,眼前不觉一亮:既然老师不能依靠,就要自力更生,好好努力,争取学得更好。知夫莫若妻,锦丽真是自己的红颜知己啊! 此后,李远哲以独立思考精神鼓励自己,更加努力地学习钻研,四处求教,一边摸索,一边前进。一年以后,他感到自己在理论和实验方面都大有进步。

在作博士论文时,两位教授对学生的指导也是有各自的特点。赫希巴赫的学生在其导师的具体细致指导下,都顺利完成了论文,多达三四百页。马汉教授对学生还是不多过问,虽然李远哲也努力完成了论文,但只有 70 页。

1965 年 6 月,李远哲完成博士学业后,继续跟马汉教授做博士后研究。这时马汉教授对李远哲说,他要到英国度假,留下一笔钱给李远哲做经费,"你可以签名用这笔钱做你的仪器。好,再见了",然后就轻松地走了,一句具体指示也没有。

在此后的 9 个月里,李远哲全身心投入到仪器的制作中。研究、设计、制造,许多电磁学问题不懂,就去翻书查资料向人请教;设计图画不好,就请机械工程师帮忙,但是画好后还是不行,他干脆自己学着画,很快学会并画好了;工人做的零件不符合要求,他就自己做。出现问题他吃不香睡不宁,废寝忘食,直到把问题解决才罢休。他自己研究、自己设计、自己制造,后来连许多工程师都赶不上他的制图和动手能力,甚至有时候去请教、求助于李远哲。

李远哲很尊重马汉教授,经常写信给在外度假的马汉教授,报告仪器研究、设计、制造的情况。也许马汉教授无暇看那些长长的报告,因为他从不回信谈起。9 个月后,马汉教授回来了,李远哲汇报了自己的研制工作,并让导师观看新仪器。

马汉教授看了很惊讶:"怎么与我想象的不一样?"

他又看见设备中还有一个质谱仪,就生气地说:"做质谱仪怎么不告诉我!我做过质谱仪。以前你问的东西我不懂,但我懂质谱仪。"

李远哲耐心地做了解释,并介绍了新仪器的功能。马汉才知道这个仪器可以研究许多以前不能研究的内容,又高兴起来,拍拍学生的肩膀,说:"不错,小伙子,你做得很好!"

马汉教授这种独特指导方法的好处,不久之后李远哲就认识到了。一次,李远哲与赫希巴赫的一名博士生讨论问题,他惊讶地发现对方并不懂得怎么做科学研究,好像变成了赫希巴赫的两只手,在导师的指导下做得很好,离开导师就不知如何办了。随后他又和那位博士生讨论许多问题,那位博士生还是很多知识都不知道。李远哲这才恍然大悟,正是马汉教授这种提倡独立研究的指导方法锻炼了自己,使自己成为一名有独特见解、独立工作能力很强的科学家。以前埋怨马汉教授不指导自己,是不对的。

以后李远哲经常回忆起这段经历,他曾风趣地说:"怎样评价一个研究人员的优劣呢?假如我有几个研究生,一起做一个实验,一直做到半夜十二点,结果做不下去了。好的学生就会睡不着觉,第二天一早来找我:'教授,我们是不是应该这么办?'而差的学生就问:'教授,你说下一步该怎么办呢?'"

独立思考问题,独立解决问题,这是李远哲的成长经验。

马汉教授对自己的指导培养,李远哲永远心存感激。他曾对他的学生说:"我在台湾学习是很努力的,但是真正懂得怎样动手设计仪器,以及如何做研究工作,那还是跟马汉教授做博士后的时候。"同时,"一日为师,终身为父"的中国传统伦理道德也深深地影响着他,在离开加州大学的日子里,李远哲一直和马汉教授保持联系,经常把自己研究工作的情况写信向老师报告。回到加州大学后,他们来往更频繁了。马汉教授患有神经衰弱病,身体很弱,又没有亲友,李远哲常带着他去医院看病,抽出时间陪伴他,尽可能多地给他以关心照顾。在马汉教授逝世前的5年多时间里,李远哲是在他身边时间最长的学生。不仅马汉教授非常感动,连加州大学的同事们也感动不已:马汉仅做过李远哲博士论文的导师,李远哲对马汉竟如此情深义重。

5. 名师出高徒

中国有一句名言:"名师出高徒。"这个道理不但在中国适用,在世界上也同样适用。李远哲深深明白这一点,他早就发现世界上很多优秀科学家都出自名师门下。

美国哥伦比亚大学哈里特·朱克曼女士写了一本名为《科学界的精英》的书。作者亲身访问了41位诺贝尔奖获得者,集中研究了从1901年到1972年70多年间挑选出来的92位诺贝尔奖章拥有者。

书中详尽分析了科学界精英们的出身及成长过程中受到的重大影响,独到地提出了跨进科学界精英行列的人们具备的优势和一些规律性的东西。作者在书中论及科学上师与徒关系时讲了下面一段话:在92位获奖人当中,有一半以上(48人)的人曾在前辈的诺贝尔奖获得者手下当过学生、博士后研究员或低级合作者,有的获奖人有两位甚至三位获奖老师。书中又统计了另外一组有意义的数字:10位获奖老师协助造就了总数多达30位的美国获奖人。人造放射性的制造者恩里科·弗米一人就培养了6位诺贝尔奖获得者,欧内斯特·劳伦斯和尼尔斯·博尔各培养了4位,内恩斯特和迈耶霍夫每人培养了3位,而另外5位长者——拉比、施罗丁格、德拜、戴尔和恩德斯每人协助训练了两位获奖者。但是他们的成就如果跟卡文迪什实验室的教授J. J. 汤姆森和欧内斯特·拉瑟福德相比就未免相形见绌了,这两位教授一共培养出了17位分属各个国籍的未来获奖人。作者在数字后面总结说,这是一种不同于生物学上的遗传,是社会学上的科学界精英的近亲相传。这些精英中的现有的和未来的成员选择他们科学上的父母即他们科学上的先人,正如他们以后选择他们科学上的子孙即他们科学上的后裔一样。

诺贝尔奖师徒相承的最长历史延续了五代科学家,它开始于德国的化学奖获得者威廉·奥斯特瓦尔德(1909年获奖),他培育了德国的物理化学家瓦尔特·内恩斯特(1920年获奖),内恩斯特又依次协助培育了美国的物理学家罗伯特·米利肯(1923年获奖),当米利肯进入加州理工学院时,卡尔·安德森(1936年获奖)成了他的学生,然后安德森又协助培育了唐纳德·格拉塞,格拉塞由于发明了用来研究原子粒子的泡沫室而于1960年获奖。这部诺贝尔奖五代相传的历史延续了半个多世纪。

如果研究不限于诺贝尔奖获得者的话,名师和高徒之间长期存在的历史链环可以找到更多。例如那个据说在一次睡梦中设想出苯结构,从而以构造式革新了有机化学的凯库勒,曾经接受过伟大的有机化学家尤斯图斯·冯·利比格的训练,利比格曾在巴黎大学跟他的老师盖·吕萨克学习。盖·吕萨克发现了一定量的理想气体,在压力保持不变时,体积与热力学温度成正比,这被称作盖·吕萨克定律,他以此闻名于世。吕萨克本人曾一度从师于克劳德·路易斯·伯索斯特,伯索斯特曾任过拿破仑的科学顾问。

对这样一种历史性模式,一位诺贝尔经济学奖获得者保罗·塞缪尔森轻松地点出了它昭示给人们的一个道理:"我可以告诉你们怎样才能获得诺贝尔奖,诀窍之一就是要有名师指点。"有些人认为投师于获奖人门下可以占尽天时地利:一、按照规定,获奖人永远有权提名候选人。二、获奖人可以发起竞选运动为自己的学生造势。例如拉琴福德曾要求提名他的学生詹姆斯·查德威克为物理学奖的唯一候选人。其实投靠名师的主要作用并非在此。名师主要是能站在科学的巅峰之上,居高临下地指点哪儿最有希望开采出宝藏,一开始就将弟子和助手们放在了富矿区。名师还以自己的工作标准、思想方式给学生们提供了榜样的作用，对学生们的科学修养、工作方式产生巨大的影响。诺贝尔物理学奖获得者恩里科·弗米这样谈到过他的老师："如果你跟他一起工作，你就仿佛是一个普通的网球选手正在跟一位冠军打网球，你会抽出一些过去从未梦想过的好球。"如果说一个人在小学、中学甚至大学可以凭借坚持不懈的努力，同学之间的切磋，无师自通地把学问做好，那么若要在科学上成为光芒的明星人物就难于上青天了。没有大师级人物的点拨，不知道研究领域的最新成就和进展，不知道攀越高峰的蹊径和路线，绝难领略最高处的无限风光。

好的老师对学生的成才起着举足轻重的作用，他给学生指点迷津，使人有顿开茅塞之悟；他使学生羽翼丰满，不知不觉中渐入佳境；他用智慧点化学生，把学生领进科学的殿堂。学生不一定不如老师，但学生却不能没有老师。一位物理学家用一个形象的比喻生动地说明了老师对于学生的重要：我对物理学懂得很多。我有言语、歌词，但是谱不上曲。老师的作用就是让我找到了感觉和灵感。

李远哲在名师云集的加州大学，深受科学氛围和名家大师们的启发和影响。他的勤学好问，使他收获多多。他的导师马汉教授虽然在科学界名气不大，成就也不算太高，但他独特的授徒方法却足以奠定他名师的地位，从他这里走出了羽翼渐丰的李远哲。

结束加州大学的学习生活,李远哲决定到哈佛大学去,加入到赫希巴赫领导的实验室。赫希巴赫教授当时已是美国有名气的化学家,正在做交叉分子束研究。李远哲的这一决定,产生了18年后二人共同获得1986年诺贝尔化学奖的伟大成果,这恐怕是李远哲未曾料到的。

李远哲离金字塔的塔尖仅有一步之遥。

六

　　李远哲用一年半的时间，完成了世界上第一台大型交叉分子束实验装置的试验，且一次装机成功。这是一项通向诺贝尔奖领奖台的艰难试验，他在"整整的一年中没有一天睡足 6 个小时"，被称为"物理化学界的莫扎特"。

1.赫希巴赫教授

　　1967 年 2 月，李远哲暂时离开他学习、研究、工作了 4 年多的加州大学，来到哈佛大学，在赫希巴赫教授领导的实验室做博士后研究。达德利·赫希巴赫，美国化学家，1932 年 6 月 18 日出生于美国加利福尼亚州圣河塞市。1954 年在斯坦福大学获数学硕士学位，1955 年在同一所大学又获得化学硕士学位。其后到哈佛大学攻读物理化学，1958 年获物理化学博士学位。1959 年到加州大学任教，他的实验室与马汉教授的实验室相邻,有一间还是共用的。1963 年转到哈佛大学担任教授。所以李远哲与赫希巴赫早已相识,李远哲敬佩赫希巴赫的学识,赫希巴赫也极为欣赏李远哲的聪慧和勤奋。

赫希巴赫最早的研究项目,是 1956 年进行的过渡状态理论和简单碰撞理论检验双分子反应力学参数——频率因子。此后,又完成了对 H + H$_2$ 体系的位能面计算。1965 年,他采用交叉分子束研究化学反应,第一次得到产物的角度分布和能量分布,被公认为是利用交叉分子束研究分子反应动力学的先驱者,也有人称他为"交叉分子线束技术的缔造者"。

赫希巴赫的杰出贡献是他研究出交叉分子束方法,并将其应用于研究 A + BC 一类的反应,从而使人们从微观角度了解化学反应的过程成为可能。

他还在研究短寿命直接反应,特别是其中的重新组合及剥离这两类主要反应中做出了重大贡献。他用电磁场扫描补充了通常监测产物分子的技术,并用交叉分子束方法第一次发现了长寿命反应,对其形成和衰减进行了理论上的论述。

同时,他在构筑钾溴化合体系的位能面的理论研究方面也做出了很大的贡献。这个体系成为另一类重要的位能面,即吸引型位能面的典型。

后来,赫希巴赫又以交叉分子束与激光为工具,着力于反应产物角动量各向异性的实验与理论的研究。球形分子的散射过程,不论弹性、非弹性或反应散射,产物分子均产生转动角动量的各向异性分布。通过对此类反应产物角动量各向异性的表征,获得了对散射过程更为清晰的审度,从而对相应的势能面获得更加清晰的了解。

李远哲进入加州大学不久,就对分子反应动力学产生了浓厚的兴趣,即开始研究如何用"碰撞"手段揭示化学反应的奥秘。1965 年赫希巴赫创建了交叉分子线束方法,使分子反应动力学获得突破性进展。为了进一步研究分子反应动力学,李远哲来到了哈佛大学赫希巴赫领导的实验室。

2. 化学反应动力学

化学是一门研究分子的科学,它的对象是分子。在化学领域中,需要研究的事情很多,其中一项很重要的就是物质的转变。做化学研究工作的人,常想把一个物质从 A 转变为 B,即把某一物质变成更有价值的东西,或是更有用的东西。这种转变的过程就是化学反应的过程。化学反应动力学便是用动力学的方法来研究分子反应体系在位能面上的运动过程,从分子的微观层次上来揭示化学反应过程,并从分子的微观结构计算宏观化学反应的速率。

在自然界和传统的化学实验中,物质起化学变化时,分子的运动是杂乱无章的。即使在温度均匀的物质中,分子运动速度、方向和"姿势"也是千差万别的,其混乱程度就像武打片中一群人横冲直撞,乱作一团地厮打。但是看武打片既可看到精彩的武打过程,又可看到武打的结果,这样对整个打斗事件就能有一个全面的把握。而在自然界和传统化学实验中只能看到化学反应的最后结果,不能观察分子间互相碰撞的详情及反应过程,从而限制了人们对化学反应中宏观现象复杂性的把握以及控制。要弄清化学反应中分子的速度、方向、姿态和碰撞等详细情形,就要进行化学反应动力学即基础元反应的研究。

20 世纪 50 年代以来,化学反应动力学逐渐成为一个活跃的研究领域,各国科学家用不同的研究手段研究不同的课题,使用的实验技术和理论方法也门类繁多。赫希巴赫、李远哲、波拉尼三位科学家是其中的优秀代表,于 1986 年共获诺贝尔化学奖。

波拉尼的父亲也是物理化学家,创立过渡状态理论,将可见化学发光技术应用于微观反应动力学,使人们有可能从分子的微观结构来计算宏观化学反应的速率。波拉尼全名为约翰·波拉尼,1929 年 1 月 23 日出生于德国柏林。1952 年获英国曼彻斯特大学博士学位,1956 年到加拿大多伦多大学工作。波拉尼继承了父亲的研究专业,发展了父亲的理论并有自己的创新。他把可见化学发光技术推进到红外化学发光波段,从而把只能探测电子激发态产物的基元反应发展成为可以探测电子基态但振动和转动为激发态的分子产物的基元反应。他还提出了分子激光器的构想，根据他的新概念，1965 年美国加州大学的皮门特尔及其研究生卡斯珀制成了第一台利用化学能的氯化氢化学激光器。

赫希巴赫和李远哲则是以分子束为研究手段。分子束实验的实质，是使分子的排列和运动整齐有序起来。利用激光技术使"分子们"排成一束速度相同、姿势一样的"队伍"去和另一束"队伍"整齐的分子束相撞。控制了分子的速度和角度，就能研究各种状态下分子的碰撞过程和结果。

化学反应动力学，在近代化学中显得日益重要。其中一些重要的研究与大气化学有关，譬如超音速客机引擎中排出的一氧化氮、人类生活广泛使用的氟利昂，在高空中都会在光作用下发生反应，从而破坏大气中的臭氧层，以至于太阳的紫外线不能被充分吸收而直射到地球上来，导致人们产生皮肤癌和其他疾病。再如燃烧这一作用方式最普通的化学反应现象，至今仍然是全世界的主要能源，而由此产生的酸雨却成了污染的主要公害。李远哲充分意识到科学家的使命，他说："人类的科学活动已不再是一些个别的科学家在自己的实验室里为科学而科学，它是一种重要的社会活动。要使人类过上美好的生活，一定要努力把握物质运动的规律。"为了能控制、驾驭化学反应，做到扬利弃弊,就要认真研究基元反应,全面准确地了解化学反应历程。李远哲怀着让人类生活得更美好的愿望,全身心地投入到了化学反应动力学的研究中。

3. 世界第一台大型交叉分子束装置

李远哲中学时期就很喜欢数学和物理课,学习成绩比较好,认为自己应该做些理论工作。但他又爱做化学实验,所以不太愿意做纯理论的化学研究。他平时业余时间喜欢打垒球,比赛规则规定进攻的一方要用木棒去击打对方投过来的球,因此便发生球和棒的撞击。他由此联想到:现在对分子间反应的速度的认识,只是大量分子间反应的统计结果。有效碰撞、无效碰撞、反应前碰撞、反应后碰撞,从这么多的碰撞产生的总效果去推测一次碰撞的具体情况显然是不准确的。如果能让分子碰撞单一性,像棒击球那样,角度、力度一清二楚该多好呀。如能实现这一愿望,将使对化学反应的研究从统计的水平提高到分子水平。对,就这么干,李远哲找到了自己的研究方向。

1965 年,李远哲获得加州大学的化学博士学位后,即开始研究如何用“碰撞”手段去揭示化学反应的奥秘。在研究过程中,他认真分析了其他人做分子束碰撞的全部实验,包括其中的成功和失败、装置的不足及难题。他发现分子束方法在化学上应用迟迟不能实现的原因是产物分子检测的困难,在典型的交叉分子束实验中,散射到检测区的产物分子约为每秒几个至几十个,这相当于产生的电流最小仅为 10^{-8}A,而检测手段对如此微弱的信号是无能为力的。在分子束动力学发展初期有一个"碱金属时代",这个时期中,分子束研究的双分子反应只限于碱金属的物种,其原因就是碱金属的电离势较小,可以使电离检测器发现捕捉到足够的信号强度。后来为了将研究从碱金属扩大到其他不同的分子,有人发明了用电子轰击方法使中性原子或分子电离,但是终因获得不了足够的信息而使研究不能取得突破性进展。要解决这个问题,关键是改进实验仪器,李远哲决定设计制造新的、更高级的实验仪器。

他来到哈佛大学后,发现赫希巴赫在哈佛的 4 年中,研究手段和技术水平都没有什么改善和提高。这使李远哲感到惊讶,也更坚定了他的想法。他立即向赫希巴赫提出了开展交叉分子束研究的新构想,赫希巴赫批准了这个项目,并派给他 3 名研究生,跟他一起去做。

李远哲在哈佛大学的时间只有 19 个月(1967 年 2 月至 1968 年 9 月),要想完成这项研究,他必须在 10 个月内设计制造出新的实验装置,任务之艰巨是难以想象的,李远哲开始没日没夜地工作。他经常是白天到工厂同技术员讨论,到车间向工人介绍加工要求;晚上在办公室设计、绘图,还要不断地改进部件,修正图纸。李远哲工作认真严格,对实验装置的每一个小部件都精益求精。在这一段时间里,李远哲废寝忘食,夜以继日,脑子里只有实验装置。提起这段艰苦的日子,他对人说:"那一年,整整的一年中没有一天睡足 6 个小时,很辛苦的! 但是,我们终于把分子束碰撞的实验仪器做出来了。"

经过近一年艰苦卓绝的奋战,李远哲完成了设计、加工、安装、调试等一系列工作,建起世界上第一台通用型交叉分子束实验装置,并一次装机成功。他巧妙地综合了超音速喷管、分级抽真空、电子轰击型四级质谱、可转动的检测系统以及时间飞渡谱技术,使他研制的分子速能够选定物的平动能,在单一碰撞条件下,测出反应散射产物的角分布与速度分布。这部仪器共有八层抽气装置,一个大气压射进去,检测器里的压力是 10^{-11} 大气压,而分压力下降到 10^{-15} 大气压,克服了背景大、信号小的毛病。同时由于他采用了质谱作为检测器,通用性强,能够研究各类分子反应,把交叉分子技术提高到一个新的高度。原先的分子束仪器只能用来研究物理上的碰撞问题,而李远哲设计制造的这部分子束装置,能够准确地捕捉到化学反应中分子的真正状态和反应的真实过程,从而为化学研究开创了新领域。而且,他还用自己设计的这部仪器考察了氟和氘的反应,直接得到了产物分子的振动能量分布,被称为"划时代的实验"。这时,李远哲才 32 岁。

这项成果公布之后，在化学界引起极大的震动。赫希巴赫教授对李远哲的工作极为赞赏，给予极高的评价。每次谈起分子束碰撞仪，赫希巴赫就大发感叹说："这么复杂的仪器，大概只有中国人才能做出来。"

赫希巴赫称赞李远哲是"惊人的实验天才""物理化学界的莫扎特"。

莫扎特是18世纪奥地利著名的音乐家，维也纳古典乐派代表人物之一。他在古今音乐大师中是无与伦比的"音乐神童"：3岁开始学钢琴和小提琴，6岁随父在英、法、德等国演出，轰动全欧，8岁写出第一部交响乐曲。他在35年的短暂一生中写了600多部音乐作品，对世界音乐界产生了巨大影响。赫希巴赫把李远哲喻为莫扎特，是推崇李远哲在物理化学领域做出的巨大贡献。

是的，物理化学界的莫扎特出现了，那么他一定会谱写出壮丽辉煌的物理化学乐章。

4. 在芝加哥大学

李远哲完成世界上第一台大型交叉分子束实验装置的实验的消息在美国科学界不胫而走。这个高高瘦瘦、清秀的脸上架着一副眼镜的中国青年不仅赢得了青年学子的钦敬目光，也成了许多名校关注的知名学者。芝加哥大学有意聘请李远哲到他们那里做研究工作，便先请李远哲去作了一次学术报告。报告引起了台下师生一次又一次的掌声，校方与化学系主任很满意，于是决定聘请他。

对于聘请，李远哲向芝加哥大学化学系主任提出了自己的条件："如果我到芝加哥大学去，你们能够给我提供多大的实验室？能提供多少经费让我做研究工作？如果我做一个很大的实验装置，需要很大一笔钱，你们能给吗？"

系主任回答得非常爽快："我们没有在事先决定给多少钱的习惯。"

李远哲很奇怪，别的大学都是一开始就给 10 万、20 万，用来添置设备，做研究经费，为何芝加哥大学没有这种习惯呢？

系主任看见李远哲困惑的神情，大笑起来，说："李教授，你不用担心这些事情，学校一定给你最大的帮助。你有什么好的构想，尽管放心大胆地做吧！"

还有什么承诺能比这番话更鼓舞人呢！他决定到芝加哥去。

1968 年 10 月，李远哲接受芝加哥大学化学系和詹姆斯·弗兰克研究所助理教授职位的聘书，告别哈佛大学和赫希巴赫教授，携全家来到芝加哥，在芝加哥大学开始独立从事研究工作。到芝加哥大学，是李远哲在事业上做出的重大战略决策，他从此开始谱写那最艰巨、最宏伟的乐章。李远哲在谈到他的这一决定时说:"我决定在化学动态学方面做一些研究,因为我得到博士学位之后,在哈佛大学做了一年半的化学动态研究,有一点心得,也知道我如果着手这方面研究的话,可以做出很好的工作。"

芝加哥是美国北方的一个城市,冬长夏短。在寒冷的季节里,皑皑白雪把城市装扮成银装素裹的世界,玉树琼花,白楼银厦,一派洁净典雅的北国风光。但是,李远哲却不习惯这里的气候,他一直生活在亚热带地区,不适应寒冷的天气,而芝加哥的冬天极冷,到处是冰天雪地。早上起来上班的时候,李远哲的汽车常常被大雪埋了起来。好不容易用铁铲把积雪铲走了,机器却发动不起来,这才发现汽车油箱被冻住了。惜时如命的李远哲不愿再把时间花在修车上,就只好夹着皮包步行往学校奔。路面滑,李远哲走得快,常常一路摔上好几跤,跑到学校时,往往已成了一个雪人。

李远哲来芝加哥是搞研究干事业的,他不顾这里的环境气候如何,一到芝加哥大学,就开始设计制造一部新的交叉分子束实验装置。刚开始是他一个人干,后来又来了4位同人,5个人合力进行研究。

李远哲在化学反应动力学领域的研究已日臻成熟,事业开始步入辉煌时期。他在分子束实验方面的研究,很快就得到很多以往科学家无法做出的成果。1970 年，他利用惰性气体分子束为实验材料，研究分子之间的作用力，实验做得十分成功，获得了满意的结果。他还开始了对 $F + H_2(D_2 + HD)HF(OF) + H(D)$ 这个典型的反应进行研究，并进展顺利。

在芝加哥大学的 5 年多时间里，李远哲不仅实验成果颇丰，还写出重要论文 45 篇，平均不到 50 天就有一篇论文发表。李远哲由于卓越的工作实绩和科研成就，1971 年 10 月由助理教授晋升为副教授，1973 年 1 月又升任教授。短短 4 年时间，就实现了职称晋升上的三级跳。这时，他年仅 36 岁，在美国大学内，是最年轻的正教授之一。同时，他 1969 年至 1971 年被聘为《科学工具评论》编委会委员，成为 Alfred P. Sloan 基金会荣誉会员，1971 年至 1974 年获 Camille 和 Henry Dreyfus 教育导师奖。李远哲开始成为科学界的明星人物。

七

李远哲荣获 1986 年诺贝尔化学奖的消息传来，面对巨大的荣誉，他平静地说，科学家获奖并不是很重要的事，但一个社会标榜科学家却是很重要的。原因是科学的研究是个很大的社会活动，而科学的活动在一个社会是非常必要的。

1. 两项重要决定

1974 年，是李远哲人生道路上的一个重要转折点。这一年，他做出了两项重要决定：一是加入了美国籍；二是离开芝加哥大学回到母校伯克利加州大学任教。

李远哲为什么要加入美国籍？没有人询问过他这方面的原因。1986 年在台湾，曾有人问他是否会回台湾从事研究工作，他说：

"若是我要回来的话，目前的环境到底是多好多坏，我想并不是最主要的原因。从前我念书的时候,在台湾只有硕士班,没有博士班,若想成为一个真正的科学家,非得到国外求学不可。但是当初和太太离开台湾的时候,并没想到会待那么久,一心以为得了博士学位后就回来,但是投入研究工作后,一晃就待了24年,这并不是计算好的,也没有预先想过的。

"我也常想,是否该回来做研究工作,我这几年常回来想帮点忙,但是我在美国有很多研究工作,有着很大的责任,做了一些事情,到了一个段落,也不能说走就走。

"若我回到台湾,一定会发现在科学研究的最前端,我想是不能跟国际上最好的学校,或者是最好机构的研究人员竞争的。

"在美国觉得最珍贵的事情是可以专心做学术研究。在台湾生活上有很多干扰,比方说,亲戚朋友的婚丧嫁娶,朋友的应酬,回到家里也要花很多时间在不是很重要但又免不了的事情上,反而在学术上不能很专心,到了美国后觉得这地方很好,因为能够专心地做学术研究工作。

"你问我是否会回来,我想会回来的,但是不晓得在哪一天……到底什么时候。有一天觉得是时候的话,我想大概就会回来了,不过在今后的二三年或三五年内,我想大概不会。"

从研究工作的连续性和科学事业的发展考虑,李远哲加入了美国国籍。

1974年夏,伯克利加州大学有意聘任李远哲做教授。那里是他的母校,有他熟悉的环境和老师。在那里他取得博士学位,学会了一套研究方法,这些都使他感激和眷恋。加州大学更吸引他的是它有一个举世闻名的劳伦斯实验室,他认为自己借助这个实验室的条件,可能会做出更为出色的研究成果。正如他自己说的:"伯克利有一个劳伦斯实验室在做基础科学研究,这对做实验的人来说是非常方便的。所以我到芝加哥大学之后,虽然条件很优厚,但是还是觉得我在伯克利可以做得更好。"

芝加哥寒冷的气候也使李远哲不能适应,于是,李远哲毅然放弃了芝加哥大学的优厚待遇,受聘为加州大学化学系教授和劳伦斯实验室材料和化学专业首席研究员。

1974 年 9 月,38 岁的李远哲挈妇将雏告别芝加哥,回到了气候适宜、鸟语花香、草青水秀的伯克利。从此,他再也没有离开过加州大学,加州大学是他成长的沃土,他对加州大学有着难解的情结。

1986 年他荣获诺贝尔奖后,学校化学研究院为他举行香槟酒庆祝会,他曾说:"我这辈子做出了两个正确的决定:第一是1962 年申请到加州念书,第二是 1974 年回到加州任教。"

2. 步入辉煌

回到加州大学,李远哲立即投入工作,建立起了世界一流的分子束实验室,装配了国际上最先进的实验装备,开展多项实验研究,从此捷报频传,不断有新的成果问世。他的科学事业如日中天,步入了辉煌时期。这位物理化学界的"莫扎特",奏出了响彻全球的一首首绝妙乐章。

1970 年开始的对氟原子(F)和氢分子(H_2)的基元反应研究,经过近 14 年的不懈努力,得到了很精确的产物分子的角分布和态分布数据,证实了由量子散射理论所预言的该反应存在着动力学共振现象。由于动力学共振现象获得不易,需要以绝对均等能量的反应分子进行反应才能得到,故被人称为是化学反应动力学领域理论与实验完美结合的典范和里程碑。这表明利用李远哲设计和建造的分子束装置,来研究化学反应动力学所得到的信息和反应过程的细节,远远走在了反应轨迹的理论计算的前面。

李远哲利用交叉分子束实验装置还做了氧原子(O)和乙烯分子(C_2H_4)反应的实验。用质谱计来观察产物时,除了观察到很少量的质量数为 42u、43u 的碎片之外,还看到了大量的 15u 的碎片。以前很多人误以为 CH_3 是主要的反应产物,而做出错误的反应机理的推断。但是李远哲做了 15u 的角分布,发现它和 42u 或 43u 的角分布一样,因而立即醒悟到 15u 并不是产物分子,而是中间物(C_2H_3O)的电子轰击碎片。这个实验不但研究了单次碰撞的化学反应,而且通过一系列的物理基本原理,推断出了基元化学反应的产物是什么。这是燃烧化学中最重要的一类反应。李远哲通过实验，首先指出氧原子置换烯烃中的一个氢原子是主要反应通道，从而澄清了对这一反应机理解释中长期存在的混乱。这在燃烧化学及动力学界引起很大反响，引起了美国能源部对此项研究的关注，并为此向李远哲提供了大量研究资金。

用红外线离子光谱研究氢离子与水分团实验，是李远哲的另一项研究。20世纪70年代后期，李远哲与同校物理系教授沈元壤合作，利用分子束与激光束交叉，对包括 SF_6 在内的数十种多原子分子进行红外多光子解离碎片动力学研究，得出了满意的结果，为后来红外多光子解离的研究工作指明了方向。

李远哲对大气化学亦有研究。1979年，鉴于臭氧紫外光解反应的重要性，他将分子束与激光束交叉，研究光解碎片 O_2 的角分布与速度分布，得出 $O_2(^{'}\triangle g)$ 的产率约为 90% 的重要结论，在小分子紫外单光子激光光解碎片动力学方面做出了贡献。

李远哲与穆尔（C. B. Moore）合作，在交叉分子束装置上进行甲醛光解研究，澄清了人们在这方面的错误认识。他对"范德华（VanDer Waals）多聚体"进行研究，在一定程度上推动了量子化学的发展。他还对选模光化学予以关注，专门研制了一台束源转动的分子束激光光解实验装置，于1985年用波长为193纳米的激光研究了 CH_2BrI 的光解，第一次证明了选择性键断裂是可能的。

在电子激发态钠原子的反应动力学方面,由于激光技术的飞速发展,极大地促进了化学反应动力学的发展。李远哲不失时机地把激光技术与分子束技术结合起来,除了把激光作为分子光解的光源外,还把激光用作制备特定量子态反应物的重要手段。

李远哲用近10年的时间,系统研究了稀有气体原子之间、稀有气体原子与卤素原子之间的相互作用势,他的研究成果对散射理论、准分子激光作用机制、从范德华力到化学键的过渡等都提供了很有价值的信息。

李远哲进行了自由基的生成热测定。自由基的生成热是较难精确测定的热化学数据,李远哲利用高分辨率的分子束 TOF 技术与激光光子能量的单一性,准确地测定了一些重要的自由基生成热及自由基不同电子态之间的能隙。

李远哲在理论研究上也取得了巨大成就。从 1974 年 9 月回到加州大学到 1986 年底的 12 年间,他共发表论文 125 篇,平均每 36 天一篇。这些论文不仅质量非常高,所涵括的内容也非常广泛,解决了大量前辈科学家未能解决的问题。在这期间,李远哲被 10 所大学或科研机构聘为讲师,被 7 个物理化学方面的杂志聘为编委、主编或顾问。1975 年,他成为美国人文与科学研究院院士,1979 年成为美国国家科学院院士。他先后获得美国能源部鄂尼斯特·O. 劳伦斯奖、加州理工学院 Sherman Fair-child 杰出学者奖、美国化学会 Rochester 分会 Harrison Howe 奖、美国国家科学奖、美国化学会彼得·德拜物理化学奖。

李远哲成了物理化学界顶尖的科学家。

3. 重视学生的进步

李远哲一生所看重的有两件事，一是他的科研事业，二是对学生的培养。他甚至说，他从事科学研究以来最大的成就是在培养人才方面。他曾坦率地告诉别人：

"我比较关心的是对学生的教育。我的实验室里面有 20 个研究生，一道在做研究工作，他们的实验、进步、学习，是我比较关心的，因此我在这方面花的时间很多。

"我觉得社会愈进步，人的横向关系应该变得更重要。如果我把所有的时间都花在儿女的补习上面，而忽略了很多研究生的进步，这也是不对的。"

李远哲对人才的培养，有一套自己独特的教育方法。

第一，采用双向选择的招生办法，即老师选择学生和学生选择老师相结合。一般每年秋天会有很多学生向学校提出入学申请，待学校批准后，第二年春天，要入学的学生来学校参观实验室，跟教授谈话，了解专业和研究项目，然后决定是否来加州大学,跟哪一位教授学习。这是学生选择老师。

下面接着的是老师选择学生。李远哲首先要和到他实验室来的研究生谈话,告诉研究生:"我的实验很难,很艰苦,你即使夜以继日地做,做百分之九十还不算什么,做了百分之九十九也等于零,要做到百分之一百才算数。"看学生是知难而退,还是迎难而上。

然后派那些不畏艰难而留下的学生跟随较有经验的高年级学生做一段时间研究工作,让学生体会一下做研究的滋味,学一些技术上的东西。最后李远哲告诉他们可以做研究的几个方面和题目,让他们思考选择。

经过体验和思考,学生就去和李远哲讨论,有的学生说:"李教授,我对分子内能量的传递这个题目感到很有兴趣,这好像很重要,而且其中有很多我不了解的,也许做了很多研究工作之后,我会有深刻的了解。"而有的学生说对离子光谱有兴趣,有的学生说愿意做高能反应研究,等等。

经过讨论,能和李远哲发生兴趣共鸣、见解共鸣的,李远哲就决定录取他。有些学生如果入学成绩好,却不能与李远哲产生共鸣,李远哲就不会录取。因为能通过这一系列考验的学生,都是下定了决心,发扬了自己的长处,找到了自己兴趣的人。李远哲认为,一个人只要有了决心、兴趣,并扬长避短,就会做好事情。

这种独特的以寻找共鸣的方式选择学生,应该说是李远哲在培养人才方面的一个高见。"共鸣"可以启迪灵感、激发智慧,是促使学生成才、事业成功的一个基础条件。而且,这样招收的学生,其综合素质都是比较高的,李远哲说:

"学校若要办好的话,学生得是一流才可以。

"我觉得一流大学,设备当然是很重要的。但是,拥有一流的学生……则更为重要。"

第二,培养学生的独立工作能力。李远哲认为培养学生的独立性非常重要,学生只有独立发现问题、独立解决问题才会不断进步,如果养成依赖导师的习惯将会一事无成。所以他教育学生要学会独立工作,研究题目和实验方案都让学生自己选择确定,有了问题也指导学生自己去分析解决。

他曾对一些研究生说:"研究生要虚心接受导师的指导,但不能只把自己放在助手的地位上,而应当主动探索、独立思考。导师也要放手让他们干。我的一些学生常拿一些方案来问我:'我这样做对吗?'我大多时候不否定他们,甚至有更好的方案也不告诉他们,不让他们养成依赖的习惯。我认为他们正是要探索才来搞研究的。"

李远哲感到每一个年轻人都要靠自己的双脚来走自己的路,不能让师长抱着走。

第三,培养学生坚强的意志和毅力。李远哲认为坚持不懈、百折不挠的精神对于科学家也是很重要的,他说:"一个人的成功或失败,很多并不是因为才能。当然,我并不是说才能不重要,而是世界上有才能的人很多,但真正做出一些事情来的人,往往是紧跟着问题,紧追不舍,追根究底的人。"

李远哲在招收学生时说的一番话,就是在告诉学生做实验很难,应该有持之以恒的决心和克服困难的勇气才行。他经常告诫他的学生:科学的道路不会是平坦的,到处充满坎坷艰辛,没有不怕困难和战胜困难的决心是不行的,没有坚持不懈、持之以恒的毅力也是不行的。他也多次教育学生说:

"你在学习的过程中,比如说习题里有个题目很难,做到半夜十二点、一点还没做出来,就很气馁地觉得,我这么笨难道还想做科学研究吗?这种疑问大家都会有的。但是,你如果觉得这问题很难,想不出来,就不管它了,那你就不会进步的。如果你有坚强的意志,现在想不出来,明天睡醒,再做,再深入地去探讨,便能解决难题了。

"如果碰到困难,你好好地分析困难在哪里,好好总结你的经验,明天重新开始的话,那就比较好解决难题。

"一定要坚持面对着问题,要继续努力。所以说到挫折,可以说每个星期、每天都有挫折的,但是一定要克服。"

他多次强调,成功不在于智力的差别,而在个人意志的强弱,智能是从日日夜夜的努力过程中获得的,天才"是经过好多好多努力的结果"。

第四,教育学生掌握学习和研究的方法。李远哲从自己的求学经历中体悟到,学生在学校重要的不是学到了多少知识,而是要学会掌握一套实验研究的方法。他教导学生要做学习的主人,充分发挥学习的主动性,改进读书方法。这样才能有目的地去读书,才知道读什么书,如何读书,否则就会处于被动学习的境地。他说:

"一个学生在学校受教育,如果迷迷糊糊地每天上学、做习题、上课,而没有深入思考的话,三五年过了,毕业的时候,只不过就像个机械加工厂出来的人一样。

"我想在大学里面求学,知识的获得还不是最重要的,最重要的是学会怎样求学,如何获取新的知识。也就是说,我们应该努力加强的是,在求学的过程中,学会怎样发问,怎样解答一些问题。

"最主要的还是要学会自己获取学问。"

他主张学生要多到实验室去,将书本知识与实验操作结合起来,在学习理论知识的同时,掌握做科学研究的方法。

第五,尊重关心学生,做学生的榜样。李远哲关心学生甚于关心自己的子女,他把很多时间和精力都花在了对学生的教育培养方面。但他对学生的关心是建立在双方平等的关系上的,他从不专制,也不做救世主;不越俎代庖,也不操纵学生的生命。

他非常尊重他的学生,他认为一个人从小得到尊重和器重,就会增加自信心和责任感,就会有纠正一切错误的勇气和创造的精神。

他尊重学生的兴趣、爱好和上进心,从不强迫学生去学习不喜欢的东西,他赞成因材施教,学生适合学什么就学什么,他曾对人说:"我是觉得有兴趣的话,每个人应该都可以做好的科学家。但是要了解你的长处在哪儿,这是值得好好分析自己的!如果有人耐力很好,应该跑长跑的人叫他跑 100 米,这就不对了。有些跑得快的人,适合跑短跑,应该鼓励他去跑 100 米。"

老师还应该尊重学生的意见和看法,如果学生提出的意见与老师不同,老师也不必因怕丢面子而气恼,要有长者的大度。若学生的意见是对的,就要给予表扬和鼓励,并坦率承认自己错了;若学生的意见错了,老师要向学生解释,引导其认识错误,不能因此而批评学生。

李远哲感到自由的学术环境对学生的成才非常重要,"学术自由是产生思想和人才的最肥沃的土壤"。自由的学术氛围,使学生的个性得以充分发展,积极性和创造性也得以充分发挥。

在教学中,李远哲还是一个能吃苦、能坚持的榜样,他工作起来不分日夜,也没有星期天,这给学生很大的影响。他常常在周末对学生说:"问题没解决的学生,礼拜天早上来讨论吧!"结果学生都来了,没有一个学生说要去教堂做礼拜。榜样的力量是无穷的,老师放弃休息,勤奋工作,学生当然不能不受到感染。

李远哲的教育思想和教育实践,有其独到之处,很值得身为师长者学习、借鉴。

4. 荣获 1986 年诺贝尔化学奖

1986 年,对李远哲来说是极为不平凡的一年,他的名字震撼了世界,他所谱写的辉煌的乐章,回响在地球的每一个地方。

这一年,他喜事盈门。

3 月份,他与杨振宁教授同时获得美国国家科学奖章。这是美国最高的科学荣誉,只有少数取得卓著成就的科学家才能得到,由美国总统亲自颁奖。22 日,在美国白宫的会议厅里,举行了庄严隆重的颁奖仪式。李远哲迈着稳重而又轻松的步伐登上领奖台,总统里根把奖章和证书庄重地送到李远哲手里,拉着他的手,称他"开辟了可能性的世界",赞扬他为美国科学发展做出了伟大贡献。

4 月份,美国化学会向李远哲颁赠了物理化学奖,奖励他在气态化学动力学上的光辉成就。

不久,他又获得了加州华人科工协会颁发的最高成就奖。

10 月 15 日,一个特大的喜讯传到美国:1986 年的诺贝尔化学奖授给美国哈佛大学的赫希巴赫教授、加州大学的李远哲教授和加拿大多伦多大学的波拉尼教授。在评价三人对分子反应动力学的贡献时,瑞典皇家科学院这样说:赫希巴赫研究出了交叉的分子线束方法,由于有了这一方法,才有了详细研究化学反应的可能。李远哲进一步发展了这一方法,把它应用于研究一般反应,特别是研究大分子的反应,使规模较大和较复杂的分子研究得以实现。波拉尼研究出了红外线化学发光方法,可测定和分析从一个新形成的分子发生的极弱的红外光。他们的研究对化学反应动力学的发展具有非常重要的意义。

这年,李远哲50岁,是同时获奖的3人中最年轻的一位,也是第一位荣获诺贝尔化学奖的华裔科学家。

消息传到美国时,李远哲正在外地出席一个学术会议。那天上午,当他走进电梯时,有位学者把手伸出来,一面与李远哲握手,一边连声说:"恭喜,恭喜!"

李远哲不知喜从何来,还以为是为了前一天晚上的学术报告。走出电梯时,又一位学者上来握手道喜。他有点不明白了:学术报告作得好也不至于人人祝贺呀!只好向那位同人打听原委:"请问,先生贺的什么喜?"

"怎么,难道你不知道?"

"真的不知道,请指教。"

"您获得了今年的诺贝尔化学奖,瑞典方面已经来了通知。

这不是天大的喜事吗？"

李远哲这才知道自己获得了诺贝尔化学奖。听到这个喜讯，当然非常高兴，但他仍平静地继续参加会议，专心地聆听其他科学家的发言。

会后，李远哲乘飞机回到伯克利。刚下飞机，就被一群闻讯而来的记者团团围住，纷纷发问，询问他对获奖有什么感想。他说：

"今天早上在会议上一些朋友向我贺喜，我还以为他们对我的发言表示赞赏。后来经过追问，才知道是得了诺贝尔奖。

"我从来没有梦想过自己会拿诺贝尔奖，因为多年来有不少其他学者都在做这一类的研究，而且很有贡献。因此，我感到很惊奇、兴奋。"

"请问李教授，得到诺贝尔奖以后，你今后的生活会不会有什么改变？"一位记者接着发问。

李远哲回答："我相信不会有太大的改变，因为我仍会和往常一样，继续自己的研究工作。"

一位记者追问道："你现在最关心的是什么？"

李远哲幽默地说："我现在最关心的，就是我的实验室漏水，应该尽快修好，否则会影响学生的研究工作。"

"今天晚上你将如何度过？"一位记者抢着发问。

李远哲笑着回答："到实验室去。"

那天晚上,他在实验室工作到深夜。

第二天上午,他仍然与平时一样,按时来到实验室,继续前一天的工作。11点,他把要上化学动力学课的学生带到物理科学馆演讲厅,然后跟学生一样坐在台下,兴致盎然地观看一位英国教授做各种关于爆炸的化学实验,并认真地听了一个半小时的讲解。

从10月16日开始,许多报纸都在头版显著位置,刊登了李远哲获诺贝尔化学奖的消息、照片或长篇介绍文章。加州大学的教职员工和学生为李远哲举行庆祝会,祝贺李远哲在物理化学领域取得的巨大成就和获得诺贝尔奖。李远哲却没有沾沾自喜,他真诚地向给他很大帮助的加州大学、同人及研究生们表示感谢。

李远哲的夫人吴锦丽女士得知丈夫荣获诺贝尔奖时,第一句话就是:"我感到非常高兴,我想这也是全体中国人的荣耀。"

李远哲在台湾的父母得知儿子获此殊荣,更是无比兴奋和骄傲。母亲高兴地回忆起儿子6月返台时他们关于诺贝尔奖的谈话。父亲正逢八十寿辰,他把儿子获奖当作给他的最好的贺寿礼物,激动地向记者说起儿子幼时的逸闻趣事。

李远哲获奖消息发布后,全世界的华人都为之振奋、雀跃。中国国家科学技术委员会于1986年10月18日发电报给美国伯克利加州大学的李远哲教授,对他荣获1986年诺贝尔化学奖表示热烈祝贺。贺电说，李远哲所取得的成就使"我国科技界感到欢欣鼓舞，祝今后不断取得新的成就，继续为人类科技事业做出贡献"。中国科学院院长卢嘉锡以及大陆、台湾的很多团体、科研机构、知名人士也先后给李远哲发来了贺电。

1986年12月10日，身着西装、戴着一副黑边眼镜的李远哲，神采奕奕地偕夫人吴锦丽女士，来到瑞典首都斯德哥尔摩，走进了隆重的诺贝尔奖颁奖会场。

第四位华裔科学家登上了诺贝尔奖领奖台。

5."科学家获奖并不是很重要的事"

李远哲获诺贝尔奖之后，一下子名扬四海，各种社会活动骤然增多，常常被人请去作各种各样的报告，参加各种类型的仪式，他在住所、办公室、实验室，每天都要接待一批又一批的造访者，有时走到路上也会被人拦住，提问这样那样的问题。应接不暇的社会活动，不仅妨碍了他的研究工作，更令他感到烦恼的是那一遍又一遍的客套话、恭维话。就连家庭也被叨扰得失去了往日的静谧，电话铃声、门铃声使吴锦丽整日难以安静。

李远哲记得在得知获奖的第二天，化学系同事希伯教授曾对他说："李远哲，从今天开始，人家大概不会问你那么多你知道的事情，而会问你很多你所不知道的事情，他们对你会有很大的期望,把你当成一个什么都懂的人。"

后来的日子果真如希伯教授所言,他常常被人围住问些莫名其妙的事情,或是被人软磨硬泡地拉去作报告。

李远哲有一次在作报告时说:"在座各位,今天在台下看着我,可能会想:能像李远哲教授那样获诺贝尔奖,真好!有这种抱负的人大概很多,我想这是很好的。但是我要说的是:我站在这儿,跟你们讲话,这种事情对我是很不习惯的,我从来只作学术报告,像这种杂七杂八、无头无绪的讲话,我以前从没有作过,所以一讲就讲不好。"

1987 年在北京大学给大学生作报告时,他又一次说到这种无奈:"诺贝尔奖对我并不是重要的事,而是很大的干扰。在美国,我在许多场合都要讲话,还要在晚宴上讲笑话。我常常想,这样下去我就不会是一个科学家,而是一个小丑了。"

更让人不能接受的是有些新闻记者的不负责任的报道,连李远哲看了,也对自己产生了困惑。他曾苦恼地说:

"从 10 月 15 日开始,关于我的事,报纸杂志实在刊登得太多了!往往到晚上临睡前,常在想:'我到底是怎么样的一个人?'如果我真正要得到这个解答,大概还要多看一些报纸,多看一些杂志!

"连我太太也问:'你难道就是这个样子吗?'我也不晓得到底……有些话传出去其实也不是很对的。"

李远哲是极为谦虚、务实的人，他对于自己的获奖，常会感到不安。他认为科学家获奖并不是很重要的事，重要的是对科学和社会有多少贡献。另一方面，他觉得现代科学研究是群体合作干出来的，而绝不是一个人的功劳。因此，一次次获奖反而给他添加了不安和负担。他常常对别人说："现代科学研究，往往不是靠一个人就可以做得好的。所以，一个科学家虽然做出了很大的贡献，但应当把他自己的重要性放在一个合适的位置上，不能过分。"

一天，他对记者们说：

"我常常因领奖或受到嘉奖感到不安，因为在我的实验室里，有20位研究工作者与我一道工作。

"我实验室里面前前后后大概有六七十个一同工作的人，包括一些工厂的人，他们也都是尽了很大的努力才研究出来的。

"虽然我获得了1986年诺贝尔化学奖，但我从来没有认为这是我个人的贡献，而是我这个研究小组大家共同做出的贡献。所以，每当我领奖时，就会想到为什么要设立这么多科学奖，而且要奖给个人呢？"

有一次，李远哲参加著名化学家赫尔曼教授的百岁寿宴。在宴会的间隙，李远哲来到赫尔曼教授的面前，向这位德高望重的科学界老前辈祝贺百岁寿辰，然后问道："教授，请问您，您一辈子得了那么多奖，到了一百岁还得奖，您对这种事怎么看呢?"

赫尔曼教授一时没有领会李远哲的意思,就反问道:"您为什么问这个问题呢?"

李远哲解释说:"我的意思是,现在的科学研究是集体工作,不是个体的劳动。更重要的是,科学家在研究中得到的满足和兴奋,并不是一两个奖所能比拟的。为什么要设立这么多奖,有这种必要吗?"

"这个问题嘛,"赫尔曼想了一会儿,回答道,"你的话不全对。虽然科学家并不需要这些奖励,科学家之所以努力做出贡献,不完全在于得到社会承认他们的成就,但是,我们的研究工作,社会上很少有人知道,所以社会需要设立这些奖。"

李远哲听了,认真想了想,说:"我想您的讲法很有道理。谢谢您!"

李远哲尽量推辞和摆脱一些不必要的社会活动,回到他的实验室,继续他的研究工作。如果是对学生和青年人的演讲或报告,他就向年轻人宣传科学和科学的发展,殷切地鼓励新一代为科学、为人类的进步去学习、去奋斗。他对青年学生们说:

"奖励某个科学家,对这个科学家并没有多么重大的意义,而是通过这种嘉奖来告诉社会,科学家到底在研究些什么。赫尔曼教授的话,使我觉得我有责任说明这一点。这是一个获奖科学家的责任。

"我得了诺贝尔奖,我只希望大家了解,在过去的20年,化学动力学的研究有了很大的进步,化学反应已变成一门定量的学问,化学反应从微观到宏观的联系做得很好,我个人得奖是其次的事。因此,把我当作标兵或当作个人成功的例子来看,是不对的。"

　　对于人们请他作各种报告这种事,李远哲也有了新的认识:"就一个科学家来说,被人从实验室带走那么多的时间,是一件很痛苦的事。但是,这同时也给你责任和机会,让你去做以前不敢做的、没有机会做的事。"

八

　　每一个成功的男人身后,都站着一个伟大的女人。李远哲身后站着的是他的妻子吴锦丽女士,一位聪明美丽而又温柔贤惠的东方女性。李远哲说:"我所做的每一件事,都是我们夫妻两个人的。"

1. 迟开的杜鹃花

　　李远哲和恋人吴锦丽相伴到美国后,李远哲进伯克利的加州大学化学系攻读博士学位,吴锦丽则到旧金山大学读教育。旧金山与伯克利两座美丽的城市相邻,风光优美的金山海湾把它们连在一起。为了便于互相照顾,他们结婚了。有情人终成眷属,一对相识近 20 年、热恋 8 年的恋人结成了美满幸福的伉俪。这年是 1962 年,李远哲 26 岁。杜鹃花开了,虽然开得迟了点,却开得绚丽灿烂。

　　李远哲在加州大学附近找了一处房子,和吴锦丽简单地收拾布置一下，就是他们的新婚洞房。虽然地方不大，陈设简朴，但对他们来说，却是一个充满温馨的爱巢。他们从这里得到理解和支持，获得智慧和力量。一个哲人说过：伟大的爱情给人以双倍的力量。李远哲和吴锦丽婚前没有花前月下的卿卿我我，没有河边湖畔的海誓山盟，婚后也没有去度蜜月，甚至没有在秀美的金山海湾漫步荡舟，但他们爱得纯真，爱得深沉，爱得心心相印。不需要太多的表白、太多的话语，一个眼神、一个手势，对方便心领神会。他们知道到美国来不是为了游山玩水、观赏景色，是要学习知识，攀登科学高峰，为人类做出贡献。为了这个目标，他们放弃了一般新婚夫妻的安乐生活，把全部精力投入到学习研究的事业之中。

吴锦丽每天仍照常到旧金山大学上课，晚上回家则买菜做饭，为李远哲安排好生活。李远哲一心扑在学业上，做实验常常到深夜。吴锦丽就一边学习，一边等待丈夫的归来。有时李远哲归来得早，夫妻两个的谈话内容也离不开各自的学业。他们谈学习中的收获和体会，也谈实验上的困难和挫折，一起分析问题，寻找解决问题的办法。

他们的幸福新生活就这样开始了。

2. 贤妻良母

人们常说：每一个成功的男人身后，都站着一个伟大的女人。吴锦丽便是在李远哲身后站着的一个伟大的女人。婚后，吴锦丽承担了全部家务，一边读书，一边周到细致地照顾李远哲的生活。有了孩子后，她毅然辍学，担起了相夫教子的重任。吴锦丽是位异常聪慧的女性，才华横溢，智力过人，在新竹小学上学时，成绩总是第一（李远哲则常常屈居亚军），中学和大学阶段也一直保持着优异的成绩，如果不退回家庭，肯定会有所成就。但是吴锦丽太了解李远哲了，看到了丈夫辉煌的前途，丈夫的事业更重要！为了辅助丈夫，她甘愿做一名贤内助；为了红花开得更鲜艳，她甘愿变成一片绿叶。

从事科学研究是一项艰苦的事业。一年到头，李远哲总是很忙，半夜是他正常的下班时间。他做起实验来更是"昏天黑地"，进了实验室就没有了昼夜之分，常常几天几夜不回家。有时候实验中遇到困难，做到半夜还没有解决，只好回去。一觉醒来忽然想到了问题的原因，就马上起身披星戴月地赶到实验室去。有时候研究或实验工作做到关键时候，他脑子里就整日盘旋着工作上的问题，走路想，吃饭时也在想。吴锦丽知道身体是工作的本钱，中国不是有句话嘛：人是铁，饭是钢。为了让丈夫吃得香甜,她经常变着花样做些丈夫爱吃的饭菜。一天,她精心炒了几个菜,李远哲回来后狼吞虎咽地吃起来,一顿饭的时间没与妻子说一句话。吴锦丽熟悉丈夫的习惯,她知道远哲又是为实验中的问题而思虑,从不在这种时候干扰丈夫的思绪。到了夜晚,李远哲终于结束了一天的工作回到家里,吴锦丽才和丈夫说话。当她问及今天的饭菜味道如何时,李远哲竟全然不知吃了些什么,他不好意思地说:"今天吃了什么? 我真的不知道。味道嘛,还不错吧。"

吴锦丽哭笑不得,嗔怨道:"你呀,明天去吃汉堡包吧! 我再也不费心思给你做饭了。"

说过,她不由又笑了:"我看你快成居里夫人了。"

提起居里夫人,夫妻两个都笑了。原来居里夫人也有个相似的故事:一次女佣精心地做了牛排,看居里夫人吃得很香甜,以为一定会受到赞赏。谁知居里夫人一直没有说起。到了晚上,女佣实在忍不住了,问居里夫人牛排的味道怎么样。居里夫人说:"今天吃了牛排吗? 大概吃了吧。"

李远哲拉住妻子的手,说:"对不起,请原谅。不过,我比居里夫人可差远了,我还要好好向居里夫人学习呢!"

吴锦丽心疼地说:"你整天吃饭都是心不在焉的,我总担心你吃不好,哪有工夫生气呀!"

对此,李远哲也常怀着不安和歉意,他曾对人说:"也许我现在做得比较过分一点，家庭生活里面，花的时间并不多。但是，晚上回去吃饭，时间的长短还并不是重要的，还是得专心。刚才讲过，我想到一样东西之后，吃饭时候也不晓得在吃什么东西，也没有跟太太讲两句话，就跑到实验室。这是很不对的，这是很不对的。"

吴锦丽不仅是李远哲家庭生活中的贤内助，还是他研究工作和科学事业上的好帮手。每当研究和实验获得新成果，或是工作学习上产生了困惑和烦恼，李远哲都要向妻子诉说和倾吐，吴锦丽分享丈夫成功的喜悦，也分担丈夫挫折的忧苦。有一次，李远哲因为马汉教授不肯指导自己实验方法而苦恼，怀疑自己是不是选错了指导老师。他懊恼地对吴锦丽说："我选择马汉教授也许是个错误……"

吴锦丽静静地听了李远哲的诉说，想了想说道："可能马汉教授有他自己的道理。那你就自己好好做吧。"

妻子的鼓励使李远哲恢复了自信，增加了力量，他独立思考和工作，克服了一系列困难，终于研究设计制作了新的实验装置。

平时，吴锦丽还要帮助李远哲处理一些日常事务。李远哲获诺贝尔化学奖以后，社会事务更多了。吴锦丽帮助丈夫记录电话、招待来访者、处理信件，尽量使丈夫集中精力搞科学研究。

除此之外，吴锦丽还承担了3个孩子的抚养教育的责任，从不让李远哲为孩子的事烦恼。

人们都说，如果没有吴锦丽的鼎力支持，李远哲是难以集中全部精力从事研究、探索的。李远哲曾坦率地承认："我家里有3个小孩，都是我太太在照料。我是在旁边看着他们顺利成长的。"

获得诺贝尔奖以后李远哲几次说起妻子对自己的帮助：

"父母培养我，我的太太一直支持我的工作，我的老师教导我，都与我今天的一点成就有关系。

"我所做的每一件事，都是我们夫妻两个人的。她在家相夫教子，对我的帮助实在太大，使我一辈子做科学工作而无后顾之忧。

"诺贝尔奖完全都是她的。她比我聪明多了，全部荣誉都应归她所有。"

话语之中，有深深的感激，有绵绵的爱意。

长子以群出生后，吴锦丽放弃学业，勇敢地担起了家务，把丈夫的理想与追求作为自己的理想与追求，30多年无怨无悔，帮助丈夫一级一级地攀向科学的高峰。人们在感谢李远哲为人类做出巨大贡献的时候，也不禁想起吴锦丽这位平凡而又伟大的女性。正像一首歌里唱的那样："丰收果里有你的甘甜，也有我的甘甜；军功章啊，有我的一半，也有你的一半。"

3. 学生比孩子重要

李远哲和吴锦丽生育了 3 个孩子,他们是长子以群、次子以欣和女儿以旋。李远哲全部精力都放在了科学工作上,很少能顾及孩子。吴锦丽常说,在他的心目中,学生比孩子重要。李远哲的实验室里有十几、二十几个研究生,他们的学习、研究、实验,他都要关心。他认为,社会愈发展,愈需要更多的科学人才,他有责任为社会培养人才。关心学生的教育花的时间多了,关心自己的孩子花的时间就少了,但他感到把更多的时间花在儿女身上而忽略研究生的进步是不对的。

李远哲并非不爱自己的孩子,他像天下所有的父母一样,深深地疼爱 3 个儿女。只是由于工作太忙,不能有更多的时间关心孩子、陪伴孩子,他对孩子总存有一丝歉意。

为了弥补这些不足,李远哲尽量增多与孩子在一起的时间,抽时间与孩子一起玩耍,带孩子在海边漫步,在野外游戏。他与孩子一边玩一边像朋友似的聊天,了解孩子的生活、学习情况以及情绪和思想。他从不批评教训孩子,喜欢用鼓励、启发、引导的办法让孩子自己悟出事情的道理,树立自信和自尊。

在孩子的学习专业和未来发展方面,他不搞专制主义,也不指手画脚,而是尊重孩子自己的意愿。在美国,一般家庭中父母都比较尊重小孩子的意见，他们在做很多事情时都会征求小孩子的看法，即便是很小的孩子也是如此。

李远哲看到在这种开放、平等的教育环境中成长的孩子，完全没有东方专制家庭中孩子那种唯唯诺诺、拘拘谨谨，而是具有比较强的参与意识和独立思辨能力。他认为孩子应有自己的道路、自己的人生，而不必事事听从父母的意见。

李远哲还从父母对自己的尊重以及自己一步步远离了父母的最初愿望中悟到，父母对孩子不必有太多的干涉。他说："我觉得他们应该有完全的自由，他们想念什么的话，就念什么，应该不是我来决定他们的生命。"

李远哲深知中国古话"三军可夺帅也，匹夫不可夺志也"的个中含义，兴趣和爱好是鼓励人前进的永动力，他充分尊重儿女自己的选择，让孩子在学习中有完全的自由，想学什么专业就学什么专业，自己决定自己的命运，自己安排自己的一生。但也不是放任不管，而是正面引导，他说："我可以提供一些意见说，念理的话怎么样，念工的话怎么样。"所以，李远哲的3个儿女都在母亲的教育和父亲的引导下，幸福地成长，充分地发展。长子以群从事新闻工作，次子以欣专攻生理学，小女儿以旋则读生物学。虽然3个孩子都没继承父亲的专业，但都学有所专，干有所成，成为对社会有用的人才。

4. 打垒球是第一的

　　从事科学工作是非常艰苦的,科研人员经常长时间在书斋或实验室里工作实验,对身体损害很大,中国知识分子中出现的英年早逝现象也证明了这一点。李远哲知道锻炼身体、保持身体健康对自己甚为重要。他中学时代那场大病曾使他不得不休学一段时间,病好以后的一个时期他的身体还比较虚弱,由此他认识到锻炼身体的重要性。

　　身体是事业的本钱,上大学时他曾在给弟弟远钦的信中语重心长地写道:"希望你好好锻炼,不要再蹈我的覆辙,我的一辈子也许都会败在我身体上。我现在很后悔,当初不该把身体搞成这样子,像半残废一样。但希望你变成强壮的人。"

　　他后来就把强身健体作为和自己追求事业成功同等重要的大事看待,打垒球是他活动锻炼的主要方式,成为他工作生活的重要部分。李远哲荣获诺贝尔化学奖以后,一下子成了大名人,在研究、工作、社交忙得不可开交的日子里,打垒球是他休息放松的特有方式。他的秘书和学生都晓得,只要安排有打球比赛,无论多么重要的事情他都会推掉,打垒球作为李远哲个人生活中的必修项目,可以说是雷打不动。

　　他多次对人说:"就是时间有限,对我而言,第一个优先就是打垒球。"并且讲了其中的道理，"如果我每次系务会议、每个会议都参加的话，一天做 24 小时还是做不完的。我每次到了学校，信箱里面拿到的信件，单只答复这些信就够累人的！有时候是科学上的信，有些是教授升职等，有些要申请经费的。审查这些信至少要花 3 个小时才能够处理好。如果人家要你做的实验室里的工作你一天 24 小时是做不完的，因此要有一个安排，哪一个是优先的，哪一个第二。"

李远哲打垒球的时间，一般安排在星期五下午，在这个时间里，用他自己的话说："打垒球是第一的……这对我是神圣的。"

可是当这神圣的、第一的事情受到冲击的时候怎么办呢？社会事务或其他事情就坚决推掉，一般的会议则让秘书代替自己。如果是必须参加的重要会议，李远哲又怎能鱼与熊掌兼得呢？请放心，他自有妙计。有一天是星期五，下午是安排的打垒球的时间，系里却有一个重要会议，身为实验室主任的他当然必须出席，垒球呢，自然也非打不可。下午开会的时间到了，李远哲准时进入会场。会议主持人宣布了会议主题内容后，与会者依次发言。20 分钟后，有人来到他身边告诉他："李教授，你的秘书打来电话，说有重要事情让您出去一下。"

李远哲起身走出会场，来到自己的车旁，秘书已在等候，车载着他们直奔垒球场而去。

李远哲把打垒球作为自己追求事业成功的一个方面，几十年坚持不懈,毫不动摇,表现了一个伟大科学家的两点优秀品质:一是生活的计划性、规律性,二是实施计划的坚定性和追求目标的坚韧性。

5. 给父母的最好回报

1962 年,李远哲赴美留学时,哥哥李远川和姐姐李惠美都已在美国读书了,现在李泽藩先生与夫人李蔡配女士又把远哲送出了国门。他们没有中国传统的"养儿防老""父母在,不远游"的思想观念,只望儿子有出息,能成为顶尖的人才。

李远哲曾回忆说:"当我与锦丽同赴美国深造时,我带着满腔的热忱与信心离开台湾。我知道父母希望我能好好学习,做个顶天立地的人。他们并没有传统的'反哺报恩'的期待,只希望我能努力上进,为人类社稷做出贡献。他们辛苦地培养我们长大成人,在我们生长的过程中,很难得地给我们那么多自由发展的空间。"

离开台湾以后,李远哲跟父母相聚的时间就很少了。开始几年,为了不耽误学业,他很少返家,只能用信件倾诉对父母的思念和牵挂之情。后来,回台的次数虽然多了,但每次回台的时间表上总是安排满满的工作和活动。李远哲一有间隙总要抽空回到父母身边,向父母讲他的家庭、生活、儿女和工作。每当听说儿子的实验研究出了新成果，老人脸上就情不自禁地露出了笑容。父母之慈爱，人子之孝心，充满了那座小小的院落。

1986年6月李远哲返台，与父母坐在一起聊天，说起了自己最近时期的工作进展。母亲得知儿子取得的辉煌成就，高兴地问儿子："远哲，你取得这么多成绩，会得到诺贝尔奖吗?"远哲理解母亲的心，对母亲说："妈妈，这个我也不知道。不过，中国人要想得到这奖太难了。"他又宽慰妈妈说："但是，得不得也无所谓，做事情尽力而为最重要了。"

"远哲说得对，只要对社会有贡献就好。不能把得奖看得太重。"父亲赞许地点头称道。

这年10月，李远哲荣获诺贝尔化学奖的消息传到台湾，人们纷纷来到新竹市武昌街的李家，向李老夫妇两人表示祝贺、慰问。二位老人也非常兴奋，母亲骄傲地说："我感到远哲应该获奖，现在果然得到了。"说着竟流下了激动的眼泪。该年，正逢李远哲父亲的80岁寿辰，李老先生自然特别高兴，他把儿子获奖看成是献给自己的最佳寿礼，多次对儿女和他人说："远哲这份礼最好最重，无价之宝哇!"

李远哲获奖后，回台的次数增加了，社会活动也更多了，但再忙再累，他也要在周末找机会和父母聚谈几个小时。李远哲和许多中国人一样，以此慰藉那颗深怀歉疚之情的心。

1989年，李老先生的身体大不如前，2月李远哲回台探望父母,见父母都还好,便商定年底大家回家一道庆祝母亲的 80 岁生日。离别的时候,父母送儿子到门口,看着儿子上车远去。不久,父亲生病,他不愿儿子放下工作赶回来看他,所以没有对儿子完全说出病情。6 月李远哲去德国参加一个学术会议,准备回来之后便去看望病中的父亲,没想到父亲没有等到儿子回来就离去了。

没有能为父亲送终,李远哲感到深深的愧疚和遗憾,他特意写了一篇文章《我的父亲》,在文章的最后他写道:"最近奔忙于世界各地,每每在头发花白的年长人脸上,看出他们一辈子努力奋斗的痕迹时,便又不禁想起勤俭的父亲,内心也泛起无比的温暖。"

九

居住美国多年且已加入美国国籍的李远哲，深深眷恋着生他养他的家乡故土，故国永远在他心中。

1. 访问故国

1978年春天，当中国科学界刚刚出现生机的时候，李远哲就随美国纯粹与应用化学代表团回到中国访问。也许是血脉相通、根系相连的缘故，李远哲虽然是第一次来中国大陆，但一踏上故国的土地，他就有了回到家的感觉，这里的天，这里的地，这里的人，还有那些热情朴实的话语，都使他倍感亲切，与大陆的科学家更是一见如故。他游览了祖国的名山大川和历史遗迹，被祖国壮丽的山河、深厚的历史文化、灿烂的中华文明所震撼；他参观了一些城市和科研机构，与大陆科学工作者进行了接触、交谈，对大陆科学技术的发展和科研工作的巨大潜力留下了深刻印象，特别是大陆人民的建设热情和科学工作者振兴科技事业、报效祖国的强烈愿望更使他深深感动。

李远哲从小就立志当一名科学家,使中国成为一个富裕强盛的国家,"科学救国"是他的最大抱负。他早就表示:身为中国人,不希望看到中国落后。现在,他决心把"科学救国"的愿望变为实际行动,帮助中国海峡两岸的科学家尽快掌握新的化学研究方法,赶上国际先进水平,向祖国捧上他的一颗赤子之心。

访问期间,李远哲作了两次学术报告,介绍他的化学反应动力学的研究情况和成果,使刚刚迈出闭塞状态的大陆的科学家们了解了这一最新的科研成果,并向大陆科学家提出一些很好的意见和建议。回美后,他立即给大陆化学家寄来了他正在加工装配的一套分子束装置图纸,还托人带来口信,欢迎中国派人到他的实验室去进行短期实习,以掌握新的实验技术,他希望多为中国培养一些人才。以后几年,他在美国的实验室里接纳了不少中国的进修生和博士研究生,在繁重忙碌的研究工作中,他时时关心着加州大学的中国访问学者和留学生的学习研究情况,有人开玩笑说,在加州大学李远哲教授几乎成了中国人的代表。

1979 年,李远哲第二次回国,他欣然接受了中国科学院聘他为化学研究所名誉研究教授和复旦大学聘他为名誉教授的聘书。他在接受中国科学院化学研究所名誉研究教授聘书的仪式上说:"化学所位于北京,对整个国家化学的发展要起带头作用。目前应该承认,中国的科学水平还比较落后,有许多国家比中国先进。但是,中国人民比较聪明,比较勤奋,一定会赶上去。不过还要问,只靠中国人的聪明和勤奋能赶上吗?要知道你在勤奋、努力,人家也在勤奋、努力。因此,全靠勤奋还是不行,还要搞好协调,认真地合作,这样效率才会高。"

李远哲认为引进国外先进技术是应该的,但不能重复引进,因为这样会造成很大的浪费。为此,他专门邀请大陆一些科学家讨论研究如何做到又联合又分工,把国家有限的钱用在刀刃上,使中国在这一领域的研究尽快赶上世界先进水平。

1980年,李远哲偕妻子和孩子再次回国。行前,他用清秀、工整的中文给中国科学院化学研究所所长胡亚东写信,信上谈到讲学的事情,他说:"关于听课的人数,100人左右十分理想,除了有经验的科研人员以外,我希望至少有20%是年轻的大学生或研究生。如果你从重点大学里选20位三年级程度的学生,如果他们有困难跟上的话,我愿意为他们多花点时间,你大概会同意赶紧训练年轻的科学家是很重要的。"

信中他还恳切地提出:"有一点我要坚持的是,我希望能在短暂的时间里多做出贡献。两年前回中国时,我已看了不少名胜古迹,所以,我不想多花时间在游览上面。我与我的妻子吴锦丽说好了,她与小孩子的参观与我的工作是要分开的。……我希望在中国期间尽量避免宴会。大家见面谈谈,简便的茶会便足够了,在宴会上花费财力是不应该的。我们的生活起居也力求简便……中国外汇有限,我们中美之间的往返旅费,我将自己负担。"

爱国之情,赤子之意,溢于字里行间。

在国内期间,他讲学、座谈、讨论、工作,竟没有抽时间陪伴第一次到中国大陆游览的妻子和孩子,他时刻关心的是中国化学研究事业的发展。他经过多次认真分析思索,向化学研究所同行们提出一个新的设想:让分子束源可以转动,用紫外激光来轰击有机物小分子。这样的实验装置设计简单,花钱较少,很适合化学研究所当时的承受能力。这次,他还向中国有关领导阐述了化学在国计民生中的重要作用。

1982年夏季,当中国科学院化学研究所的激光分子束装置设计完成并建成检测室的时候,李远哲第四次来到北京。出于对工作的高度责任感和对祖国科研事业的极大热忱,他又对设备的加工、安装和调试提出了许多宝贵的建议。李远哲对祖国的赤诚、对事业的追求、对工作的负责、对科学研究的精益求精,让每一个跟他接触过的科研工作者敬佩之至。

1985年8月,他第五次来到北京,与中国科学家一起对分子束装置做了重大改进。他还多次参加学术会议和讲学,对中国化学研究的发展提出自己的看法和意见。

1986年5月，李远哲来到中国安徽屯溪，应邀参加在这里召开的中国第一届化学反应动力学会议，为大会作了题为《化学反应动力学的现状与将来》的学术报告。在这次会议上，他指导设计的分子束激光裂解产物谱仪建成，并顺利地通过了鉴定。这套装置是当时国际上最高水平的，世界上仅有的三套设备之一，是李远哲与中国同行共同心血的结晶。

此后，他还帮助大连物理化学研究所、北京化学研究所建成了3套分子束实验装置。

会后他立即飞到北京，开始了紧张的讲学活动。上午讲课，下午辅导，回答问题和帮助研制分子束实验装置，就连他很想一睹的云冈石窟，也几次主动提出放弃游览。他几乎每天都工作到深夜。在为期三周的讲学活动中，他多次表示希望在研究所的食堂就餐，并且几次向研究所建议要办好食堂。他说："吃饭时各行各业的人在一起，大家边吃边谈，可以互相得到启发，这一点国外也是非常重视的。"

为了更好地帮助中国化学研究事业发展，李远哲又先后接受了一些高校和科研机构名誉职位的聘请，如中国科技大学名誉教授、南京大学名誉教授、南开大学名誉教授、中国科学院大连物理化学研究所和化学研究所联合组建的分子反应动力学国家重点实验室名誉主任、北京大学名誉教授、厦门大学名誉教授、中国科学院福建物质结构研究所名誉研究员等。

这些年来,李远哲几乎每年都要挤出时间回国内来讲学、指导,他为故国科学事业的发展倾注了极大的热诚和心血。

2. 总有一天我们能赶上世界先进水平

李远哲曾直率地指出:中国的科学水平还很落后,有许多国家比中国先进。他时刻关心着祖国的发展,尽自己最大的努力来促使祖国的昌盛。他相信,中国终会赶上世界先进水平,逐步富强繁荣起来。1986 年他回国讲学,工作间隙里,经常与大学生、研究生交谈。一天,在交谈中,一名研究生问他中国的希望,他真诚地说:"中国目前还很落后,这没有关系,中国的希望就在你们年轻人身上。青年人要挑重担的。只要你们青年努力,5年、10 年、20 年,总有一天我们能赶上世界先进水平!"

李远哲说他最关心中国的三个问题是:发展科学的社会环境问题、人才培养问题及对待基础研究的态度问题。因为这三个问题关系到科技的发展和社会的进步。

他曾多次坦率批评中国大陆在"文革"时期对知识和知识分子的贬斥。1987 年 5 月,李远哲在天津南开大学接受聘他为南开大学名誉教授的仪式上,发表重要讲话,他说道:"最近这几年,我在国外为中国科学发展有两个担心的事情,也是两个关心的事情:一个是'文革'的 10 年没有好好锻炼我们的科学家,看到了青黄不接的现象。从 1977 年开始，挑了很多好学生，考试进大学，但是他们毕业之后到美国留学，有很多不想回来了，这是令人担心的事。虽然还有很多人是要回来的，但一般说来有很多人还在动摇，说回来之后，也许没有发展的机会，'英雄无用武之地'这种想法变得越来越普遍。当然在国外我和他们讨论工作时，发现他们并不是不爱国，而是有很多活泼的思想。有些事情，我想是国内人应该努力的，如果继续努力，把国内科研环境改善的话，他们是会回来的。把这些优秀的、精干的分子送到国外，而他们如果不回来的话，青黄不接的阶段会持续很久的，这对中国科学技术的发展是不利的。所以我今天到这里来，还是说要改善科研的环境，使回国从事科学研究工作的人能够好好地贡献他们的力量，能够在国际上竞争，真正为国家的建设做些贡献。"

李远哲反复强调知识与知识分子在推动社会发展中的巨大作用。近代以来，脑力劳动与体力劳动对社会发展做出的贡献已经发生了重要变化。在现代的生产活动中，能够有效地从事生产劳动的原因，往往是脑力劳动直接、间接积累的成果，脑力劳动变得越来越重要。而知识分子的大众化、平民化，使掌握知识的不再是拥有特权的一群人，也不可能是脱离现实的百无一用的书生们。他指出：如果我们相信"知识就是力量"，那么更多的人拥有力量的社会，也许是真正实现民主的社会。现代知识分子,将是社会的主流,是社会的大众,他们将是面对现实,积极参与社会生产,而不是依附权贵的寄生虫。

1990年,李远哲在对中国新闻界演讲时说:

"现代社会……往往一项科学技术的发展,能够做千万人不能做到的工作,常常是脑力劳动创造的财富更多,从生产力看,知识劳动的贡献更大。

"今天电子计算机和通信的发展使这个世界变得很小,而经济规模发展那么大,使各国相互间依赖程度变大。我可以肯定地说,到下个世纪中叶,看人类的历史,看人类的社会,看人类的行为,这些变化都是由科学技术带来的。"

李远哲站在科学的前沿,预言科技对未来世界发展的决定性作用,他希望中国能充分认识知识和知识分子在社会发展和生产过程中的巨大价值,改善环境和条件,在世界的迅速发展中,很好地把中国的科学推向前进。

李远哲非常关心中国的基础科学研究和人才培养,因为这些都是中国发展的基础条件。他在南开大学的讲演中,还说道:"我关心的另一件事情是,中国的科学和最近的发展,尤其是科学和生产的关系。最近国家为了大力发展经济,'科学为经济服务、为生产服务'的口号叫得很响。……科学研究是有不同层次的,有些是比较基础的,有些是上层的更复杂的。在这不同层次中,科研工作与生产有不同的关系。有些是研究之后马上就有用,有些研究之后,大概10年之后能找到好处,有些大概很久很久以后才能用到。如果采取'现在努力从事生产,以后再从事科学研究'的态度,我看并不是完全正确的。"

他认为,科学要真正做到为经济服务、为生产服务,必须掌握物质运动的规律。一个社会如果不在不同层次上去掌握物质运动的规律,如果没有一些真正懂得把握这些物质运动规律的人,则其生产也难以取得很大的进步和突破。从另一方面看,生产所需要的真正能解决实际问题的人,往往是经过了良好的科学训练的人,是在学校里做最尖端的研究工作,把物质的许多性质推到最尖端的这些科学家。所以,中国绝不能因为经济落后,就先搞经济后搞科研。如果10年、20年要赶上世界先进水平的话,科学研究是非常非常重要的。他希望国家要对基础研究多投些资,在大专院校多投些资。

李远哲还指出,基础科学有不同的层次,对于社会生产不是马上就都有用的。但从科学整体发展看,从基础科学发现到社会应用的距离会越来越短。此外,基础科学还有一个很重要的功用,就是培养人才。我们要真正成为先进国家,就要在高等院校大量培养人才。

李远哲提倡破除长尊幼卑、论资排辈的传统观念,尊重学生,尊重青年,发挥他们的聪明才智和创造精神,使他们成长得更快。他在与大学生、研究生谈话时,也经常鼓励他们"把自己的生命掌握在自己的手上，为科学而献身"。

1987年5月17日，《中国青年报》记者拜访了李远哲教授，李远哲谈了他对教育培养青年学生的看法和观点，并欣然为该报题词："一个人的伟大并不全在他的聪明才智，主要的还是看他怎样为社会贡献他的能力。"鼓励青年一代努力学习，把中国的科技搞上去，使中国早日赶上世界先进水平。

3. 情系故乡

李远哲生长在中国台湾，从出生到26岁离台赴美求学，一直在台湾生活。对于生他养他的故乡，他有一种特殊的、割舍不下的深厚感情。他一直希望台湾能够经济繁荣、社会发展。他在一次给父母的信中写道："我一直希望台湾能有从事科学研究的优良环境，使台湾的科学生根，而不要只到外国才能有成就。"

他尽自己的最大力量帮助台湾的科学技术发展。1972年，李远哲回台探亲，应邀参加了教育部门有关课程设置的讨论会，提出不少积极建议。同时，他暂时放下在美的实验研究计划，接受了台湾"清华大学"化学系的聘请。他在"清华大学"化学系任客座教授的半年时间里，积极协助系里规划教授参与系务，落实"教授治校"的方针，并几次参加"清华大学"学生的座谈会，和学生讨论如何学习才能成为好的科学家等问题。

李远哲非常关心人才培养问题，注重青年一代的健康成长。他每次回台，只要是学生邀请演讲或讨论，无论多么繁忙，都要抽出时间应邀前往。1986年12月，李远哲参加诺贝尔奖颁奖典礼后，直接从瑞典首都斯德哥尔摩风尘仆仆回到台湾。未及休息，就于18日下午两点参加了台湾"清华大学"台北办事处举办的大学、高中理科学生座谈会。主持人考虑到李远哲时间紧张，只安排一个小时，李远哲却坚决地说：我要讲两个小时。结果两小时又十分钟才结束。

在这场座谈会中，李远哲与淡江大学、"清华大学"、台湾大学、北一女中、中山女高、新竹高中、成功中学等校的24名物理、化学科系的学生，畅谈了他的读书心得、求学过程和从事研究的态度及精神，也对台湾的科学发展、科学教育发表了自己的看法和见解。他语言朴实而幽默，寓意深远，发人深省，所表现出的对青年学生殷殷教诲的学者风范和对故乡的赤子之心令人感动。

其后，他又不顾旅途劳累，参加了台湾大学学生座谈会，就求学、研究、选题、实验及感情、生活等方面谈了自己的体会和看法，也介绍了化学反应动力学的发展情况。另外，他直言批评了学生在选修专业方面的功利主义现象："前几天到化学系去看一下学化学的人，听说竟然没有一个是第一志愿进来的！似乎都是考医生考不好来念化学。这是很不好的现象。为什么一个社会的年轻学者,就没有人想做一些文化工作、科学工作呢? 这不是好现象,太功利主义了! 所以我说除了设备、师资外,还需有一流的大学生。"

他对故乡的一腔深情和对学子的殷切期望赢得了大学生们的热烈掌声。

为更好帮助台湾科学发展,李远哲1980年担任台湾"中央研究院"院士,1982年担任台湾"中央研究院"原子与分子科学研究所顾问委员会主席,1983年担任台北同步加速器放射研究中心指导委员会委员,1991年担任台湾张荣发慈善基金会董事会董事,1992年又担任了台湾凝固态物质研究基金会董事会董事和台湾大学学术发展基金会董事会董事。

1986年获诺贝尔奖以后,李远哲为台湾科学发展花费了更多的时间和心血,每年都要抽出一段时间到台湾讲学和指导研究工作。1991年,他放下在美国1亿美元预算的研究计划,在炎热的夏季回到台湾,在台湾大学担任了半年客座教授,除台大学生外,还吸收其他各校学生来听课。在讲学期间,他热情帮助台湾制订科学发展规划,参与科研活动。

他关心台湾的发展,曾指出:近些年台湾的繁荣是畸形的繁荣,仅是经济方面的发展,不是整体协调的发展。科学发展没有进步,整个文化事业也没有进步。而造成这种状况的原因一是人才外流严重,二是年轻人变得过分现实,很少人真正要在文化工作上下功夫,都只想做会赚钱的事。

他认为社会不应压制年轻人,他很赞成美国著名科学家莱纳斯·波林说过的一句话:当年轻人发现年老的一辈做错事情时,科学才会有进步,社会才会有进步。但台湾现在年轻人不被允许批评老人做错事情,这是个文化的包袱,是环境的包袱。

他指出,台湾应该也有能力为科学工作人员提供一个良好的做科学研究的环境和条件。要转变官僚作风和封建士大夫观念,使科学研究工作不再受很多不必要的困扰和牵制。

他进一步指出:"以目前台湾的发展来看,进一步的民主化才能发挥年轻人的潜力、台湾的潜力。一旦年轻人的潜力能发挥,能青出于蓝而胜于蓝,那么台湾社会的进步就会很快。我对台湾的未来充满信心和希望。"

李远哲还认为企业界与科技界应该联手共进,也就是科技界帮助企业解决问题,企业资助科技发展。1991年10月,李远哲在台湾大学即将成立液态科学中心时,亲自向企业界募捐。他与经济部长、台大校长一起签名,邀请几十位企业主聚餐,希望企业界资助科技的发展。

他中肯地说:"台湾现在最缺乏的是如何把大家都知道的不对的、不好的,转换成大家都赞赏的政策。没有这个机制,台湾好像一直停留在原地踏步走,进步很慢。"

在化学研究方面,李远哲帮助筹建了台湾原子分子研究所,兴建了同步辐射加速器。

1993 年 12 月 11 日,台湾"中央研究院"选举院长,李远哲以绝对优势的得票被选为第七届院长。1994 年 1 月 15 日,李远哲肩负家乡人民的厚望,回台湾上任"中央研究院"院长。这意味着,他将放弃美国国籍,放弃生活工作多年的环境和条件。他表示,他不会放弃科研,会把他的专长教给年轻一代。

李远哲从实际和整体出发,对台湾的科学发展进行规划设计。他要向家乡人民献上他的智慧、才华和一颗火热的赤子之心。

4. 要改进中国传统教育

李远哲在台湾接受从小学到大学的教育,对中国的传统教育深有感受。70 年代以后他几乎每年都要回到中国大陆和台湾讲学,在与中学生、大学生的接触交谈中,了解到中国教育并没有大的改观。同时,由于经常去世界各国开会、讲学,他对各国的教育都有所了解。比较各国的教育,李远哲更清楚地认识到包括台湾省在内的中国传统教育存在的弊端。他认为,中国必须实行教育改革,才有希望更快更好地培养大批现代高精尖人才。他曾结合自己的亲身经历和休会,发表了许多对如何改进中国传统教育的见解和看法。

中国传统教育在观念上承袭了封建文化的"师道尊严"和等级秩序。在学校里,老师是尊者,说什么做什么都是对的,不容学生质疑,更不容学生有不同看法。而学生的意见得不到重视,学生们得不到尊重。李远哲一针见血地指出:"中国人有个传统的看法,年轻人不是顶重要的,如老头子讲话,小孩子就得乖乖地听,没有讲话的份儿。这种想法根深蒂固,比方在课堂上他们也不敢举手发问,老师讲的都是好的。这种观念是不对的。"

这种教育的直接危害是伤害了学生的自尊心和学习的自信心,根本危害就是让学生没有了自主意识和独立精神。爱因斯坦曾说:"学校主要以恫吓、威胁和人为的权威教学,那是最坏的。这种教学方法摧残了学生的健康感情、诚恳正直和自信心,培养出来的是唯唯诺诺的庸碌之辈。"

李远哲认为对学生人格的损害就是损伤了他的纯真心灵,就是扼杀个性。越是智商高的潜在人才,越富有自尊心,越需要尊重他。老师要尊重学生的意见和看法,当学生提出的看法、意见与老师不同时,为人师者应该表现出师长的气度,不可因怕丢面子而滥用自己的权威。李远哲诚恳地说:"我希望在中国社会,年轻人能受到尊重,这是很重要的,因为我们希望这些年轻的学者将来变成国家的主人翁,从小就应该受到尊重,故而他们的意见,是应该得到重视的! 而我想,一个人受到尊重,相对也得负有责任。……请身为师长的教授学会多尊重学生,使学生有更多的主动权。"

中国传统教育的模式是规范化的,注重基础知识的教育。对学校、学生的要求都是整齐划一的,按部就班、循序渐进地学习,任何学生不能特殊,各种问题都有"标准答案"。这样的教育虽然具有使学生掌握扎实的基础知识的优势,但其缺陷也是明显的,那就是忽视了学生的个性、特性和差异,剥夺了学生学习的自主性(实际也剥夺了老师教学的自主性),压制了学生学习的主动性,使学生长期处于教学的被动地位,极大地扼杀了学生应有的好奇心、创造性和探索精神,限制了学生的自由发展。爱因斯坦对这种教育模式深恶痛绝,他说:"现代的教学方法,竟然还没有把研究问题的神圣好奇心完全扼杀掉,真可以说是一个奇迹。因为这株脆弱的幼苗,除了需要鼓励之外,主要需要自由。要是没有自由,它不可避免地会夭折。认为用强制和责任感就能增进观察和探索的乐趣,那是一种严重的错误。"

李远哲曾说:学习如果是积极的话,那所得到的东西,就跟消极的、被动的学习是很不一样的。所以,他鼓励青年学生要做学习的主人,在学习的过程中好好地把握自己的生命,好好地安排,好好地学习,是可以学好的,不要成为传统教育的牺牲品。

中国传统教育的教学方法是填鸭式的,不管是否有用,不管你想不想接受，都一定要灌输给你，而愈演愈烈的应试教育又为这种强灌教学法推波助澜，向着更严重的方向发展。这种教学法一点一点地把学生学习的兴趣和积极性磨损殆尽，使中小学生，甚至大学生中的厌学情绪越来越普遍，越来越严重，恐学症和恐作业症也日益增多。李远哲在与台湾大学、高中理科学生座谈时，曾针对这种现象发表了自己的看法："我觉得最不好的是，如果中学的老师为了你们升学，要把你们训练成既写得快，又写得完整，每天回家做习题到 12 点钟，自己连思想的时间都没有的人的话，那就不好了。"

他还转述了一位女学生的感受：我中学在台湾念书的时候，习题很多，每天都在背、背、背，根本学不出个所以然来。

爱因斯坦给自己的青少年时期总结说："人们为考试，不论愿意与否，都得把所有这些废物统统塞进自己的脑袋。这种强制的结果使我如此畏缩不前，以致在我通过最后的考试以后有整整一年对科学问题的思考都感到扫兴。"他还揭露这种强填硬灌方法的危害说："我想，即使是一头健康的猛兽，当它不饿的时候，如果有可能用鞭子强迫它不断地吞食，特别是，当人们强迫喂给它吃的食物是经过适当选择的时候，也会使它丧失其贪吃的习性的。"

李远哲与爱因斯坦的认识是一致的。李远哲向台湾大中学生们指出："我现在是要这么说的，如果在大学或中学里面，老师占去了你们所有的时间,而给你们的题目并没有启发性,那他们是在误人子弟,你们是做了牺牲品;但是,如果老师懒惰,觉得反正学生比老师聪明,就让你们自己好好学习的话,我想这还不是误人子弟,好像还是没有误了你们。"

李远哲一方面呼吁要改进中国的传统教育,一方面又鼓励学生不要过于依赖老师,把生命把握在自己手中,好好学习,为祖国的科技进步多做贡献。

5. 陈嘉庚国际学会的首任会长

陈嘉庚生于 1874 年,逝于 1961 年,是公认的爱国华侨领袖,长期侨居新加坡,从事橡胶业。他热心华侨和家乡公益事业,1913 年至 1920 年的几年间,在厦门的集美创办了中小学、师范和水产、航海、农牧、商科等学校,1921 年又创办厦门大学。他还在新加坡创办了南洋华侨中学。他资助过孙中山的革命事业,支持祖国的抗日战争,在海外华侨界广有影响,并享有很高的声誉。

1988 年,厦门大学聘请李远哲为名誉教授。李远哲来到厦门大学接受聘书并讲学。在此期间,李远哲了解了陈嘉庚的事迹,被陈嘉庚爱国爱乡和弘扬教育的伟大精神深深感动,他佩服陈嘉庚拿出自己的家产办学并有一套完整的育人思想。他说:

"一般说来，华人密集的地区，例如海峡两岸和东南亚地区，在许多方面还是较落后的。这些地区的发展，应该更广泛地接受并且更彻底地推行陈嘉庚先生教育、工业、科技立国与救国的思想及其现代化措施，也应该更好地发扬创业、改革与不怕失败的精神。"

身为一名华夏子孙、炎黄后代，李远哲感到自己应该为故国的进步和全球华人事业的发展多出力多贡献，有责任有义务宣扬陈嘉庚先生的精神，推行陈嘉庚先生的思想。以后，他也的确在这方面付出了许多的时间和很大的精力。

90年代末，李远哲所在的美国伯克利加州大学要建一座化学大楼，他就同一些华裔教授、学生商议，争取这座楼以华人名字命名，而这个华人应该是陈嘉庚。他说："在这个世纪，在海外，尤其在教育方面，贡献最大的是陈嘉庚先生。"

按美国加州的规定，加州大学建大楼，政府出资一半，其余的一半如有人捐助二分之一（即总数的四分之一），就有资格申请给大楼命名。那座楼预计耗资3400万美元，要取得大楼的命名权，至少要捐资850万美元。李远哲为筹集这笔资金，利用讲学、开会等机会宣传募捐，得到各地华人的响应支持，他们根据个人能力慷慨认捐。李远哲认为，捐款不在多少，重要的是让更多的人了解陈嘉庚及其思想，弘扬陈嘉庚精神。所以不论捐多捐少，李远哲都要开给正式收据。

1993 年,李远哲在厦门讲学时自豪地说:"不久的将来,在我们伯克利加州大学里就可看到有一座很大的陈嘉庚大楼。这个大楼的建成有两层意思:一方面我们希望华人的第二代、第三代也能学习陈嘉庚精神,为人类、为整个世界的发展尽最大的力量;另一方面,我们也希望美国人能了解到,在华人里也有像陈嘉庚这么伟大的人物。"

为了纪念陈嘉庚先生,弘扬陈嘉庚精神,凝聚各界力量,服务社会,造福人类,李远哲和杨振宁、丁肇中、加州大学校长田长霖、香港大学校长王庚武发起成立"陈嘉庚国际学会"。1992 年8 月 20 日,来自世界多个国家和地区的学者及工商界人士 300 多人,在香港召开"陈嘉庚国际学会"成立大会。

会上,56 岁的李远哲被推选为首任会长。他在致辞中说:

"我们希望陈嘉庚国际学会的成立,能够促使海内外的华人继续发扬陈嘉庚精神。我们也希望通过发扬陈嘉庚精神,促进海峡两岸的进一步交往,并对东南亚地区与全世界的和平与进步,做出更大的贡献。

"这几年来,我们也看到陈嘉庚先生的影响力是相当大的。在新加坡,有陈嘉庚基金会在颁发'陈嘉庚青少年发明奖与科学成就奖';在中国的陈嘉庚基金会,也在颁发陈嘉庚的科学奖金。我们希望陈嘉庚国际学会成立之后,也能够做一些有益的工作,促进教育、科学、文化的进步。希望有一天,我们的学会也能够设立面向全球华人的科学、文化奖之类的奖金。我们真诚希望全球华人团结起来，为人类的进步、世界的和平贡献力量。"

之后不久，在美国旧金山举行了第一届海外华人国际大会，李远哲在会上讲话，他恳切地说："当前全球经济已使各国之相互依存日增，分布于全球的三千万海外华人，应怀有'世界观'，才可适应。"

1993年3月25日至26日，李远哲约同陈嘉庚国际学会在各地的负责人，在厦门成立该学会的首届董事会，他被推选为董事长。会议还确定了学会的英文名称和"继承陈嘉庚先生的伟业，致力于教育文化的发展"的具体目标。会议要求不断增强学会的国际性，力求把"民族凝聚力"和"大世界观"协调一致，团结全世界的华人以及其他民族，向着人类大团结的方向努力。

1993年8月20日，李远哲在厦门主持召开陈嘉庚国际学会首届董事会的第二次会议，他再次恳切地说：

"我们对陈嘉庚的遗业很关心，但更关心的是中国的未来。而未来的希望在于教育，在于培养人才。

"我真诚希望全球华人团结起来，为人类的进步、世界的和平贡献力量。"

在其后不久的一次讲话中，李远哲又说："今天面对国际化世界，中国能否与世界先进国家并驾齐驱，为人类做出更大贡献,就看能否为教育投入更多的心血。"

他呼吁中国"从领导开始,认识教育与科学的重要性,脚踏实地好好发扬陈嘉庚精神"。

传播陈嘉庚爱国爱乡爱族的精神,就要具有像陈嘉庚那样的拳拳报国之心,而李远哲恰恰是这样的人。

6. 故土寻根

李远哲小时候,父亲就告诉他,他们的先辈是从闽南渡海来到新竹的。他为此翻查了家中的地图,知道了那是一个叫作南安的地方。南安什么样子? 他希望将来自己飞越大海去看一看。

有一次他问小妹季眉:"你知道你是什么地方的人吗?"

"是本省人。"小妹毫不犹豫地说。

"不对,你是祖先从大陆来的本省人。"李远哲纠正小妹。

小妹却不服气,小兄妹俩为此争论起来,最后拉出父亲来裁决。父亲拉着小女儿的手,亲切地说:"季眉,你二哥说得对,我们的祖先是从大陆来的,李家的祖籍是福建南安。"

南安是李家的根,回南安寻根从小就植于他的心田。

1978 年以后,李远哲多次到中国大陆访问、讲学,但都因为时间安排紧张,一直没有时间回故土寻根。1987 年 5 月 16 日上午,李远哲在北京受到邓小平的亲切接见,邓小平对他说:"不管怎样,我们都是一个根。"建议他抽时间去祖籍福建南安走一走,看一看。

1988年10月,李远哲与夫人吴锦丽应邀来到福建厦门大学。李远哲被厦大聘为名誉教授,被中国科学院福建物质结构研究所聘为名誉研究员,为厦大师生、福建政府人员、科研工作者连续作了专题演讲和学术报告,并会见了省长。10月15日,省委书记陈光毅在欢迎李远哲夫妇时说:"李先生的老家已经找到了,乡亲们欢迎您去走走。"

1988年10月17日,李远哲、吴锦丽夫妇来到福建省泉州市南安县溪美镇的榕桥村,寻根拜祖。

榕桥村的李氏族人和乡亲们迎出村外很远,他们以热闹的"大鼓吹"这一古老形式隆重而热烈地欢迎回乡寻根的游子,一直把李远哲夫妇迎进村里的李氏宗祠。族人向李远哲介绍了李氏宗族的谱系历史及现状,对他说明代思想家李贽也是榕桥村李氏宗族的人,前不久建成了李贽纪念馆,召开了全国性的"李贽学术研讨会"。按谱系推算,李贽是第8代,李远哲是第21代。族人把李贽木雕像、李贽传说故事、李贽资料、李贽学术讨论研究论文集和一份李氏族谱赠送给李远哲夫妇。

回到故土寻到了根,望着族人及乡亲们洋溢着热情的笑脸,李远哲十分动情地说:"我的祖辈是清朝康熙年间从这里移居台湾新竹的……我早就希望能回祖籍来看一看。今天终于站在故乡的土地上,与乡亲们见了面,心里十分高兴。"他挥毫题写了"发扬祖宗遗留的中原文化"条幅回赠给族人。

在乡村负责人和族人的陪同下,李远哲夫妇参观了村里的房屋街道、工厂农田。在小学校园参观时,夫妇二人在操场上栽下两棵榕树,希望故乡的孩子们与榕树一起茁壮成长。他说:要好好培养下一代,使中国在下世纪抬起头来,成为真正先进的国家。

离去时,乡亲们拉着李远哲夫妇两人的手,一遍一遍地嘱咐他们,以后要多回来看看。车子已驶出很远,李远哲回头望去,乡亲们还站在村头,依依不舍地挥手。这血脉真情使李远哲又一次湿了眼窝:我还会回来的!

十

身为国际一流的科学家,李远哲站在世界的高度,关心地球的命运和前途,考虑整个人类社会的进步与发展。

1.科学无国界

李远哲虽然醉心于他的科学研究事业,是一位世界著名的科学家,但他绝不是一个只会躲在象牙塔里、不食人间烟火的人。接触过他的人都感到他极富正义感和责任心,待人热情、诚恳、直率。他的知识层面之广、关心层面之多、参与层面之深是不多见的。

李远哲认为科学家不但要管科学研究,还必须有社会责任感。随着社会历史的发展,科学本质产生了很大变化,逐渐政治化、军事化、秘密化、商业化,很多时候科技成果成了一个国家控制他国的工具和手段。居里夫妇发现"镭"以后,曾担心有人会利用镭制造具有毁灭性的战争武器,不幸的是他们的担心不久之后即成为事实。所以,李远哲认为科学家还应关注科学成果的应用,考虑科技给人类是带来了好处还是灾难。他坚决拒绝参与一切可能危害人类生存的秘密化、军事化研究,不愿接触任何国家的军事秘密。他拒绝参加美国里根政府的"星际大战"研究,认为"星际大战"的研究与发展只会促进军备的竞赛,对美国的经济、福利都有害,对人类也没有好处。

当一位来访者问他:"您不同意科学家只管躲在实验室里做研究,不管应用,或对社会发生的事采取不闻不问的态度?"

"不,不同意!"李远哲语气坚决地回答,"科学家就像普通国民一样,对整个社会的功能应该关心。因此我认为,科学家应对科学成果将带给社会什么好处或坏处,更加多谈才对。"

1991 年 7 月,李远哲参加美国能源委员会的咨询会议,其中有两小时关于核武器的讨论,他毅然离席,拒绝发表意见。他说:"一国的军事机密往往与他国产生利益冲突,我宁愿更广阔、更远地看世上的事。"

1986 年获诺贝尔奖以后,他在与人谈话时说到他在物理化学的研究方面已发表的 180 篇论文,没有一篇是划为机密的。他说美国"现在军方支持的研究占很多,这是十分遗憾的",并对美国几乎百分之五十的科技人力资源用在军事科技的研究上表示十分担心。

李远哲关心发展中国家的科学发展与文化进步，他曾分析说：

"科技已变成一个社会的生产力和发展的决定因素，但过去三十年来，发展中国家的经济和科技发展与西方的距离却愈来愈大，影响所及不仅是科技的发展，而且是整个发展中国家的社会文化的变质与沦落。

"但是像印度、中国大陆有那么多的人口，有那么多的物质资源，我总希望他们能够走出自己的一条路子。走出自己的一条路来，更多的发展中国家才有希望。"

李远哲认为，将来的世界，只有国与国合作才能给人类带来发展。他赞成"科学无国界"的观点，科学研究面对的是整个客观世界，是探求客观物质世界运动的规律，而这种规律是具有普遍性的。他一直十分钦佩居里夫人无私无我的高尚情操，居里夫妇发现镭、钋放射性元素后，坚持不申请专利，而把制镭方法公开。居里先生死后，居里夫人把他们共同提炼出的价值超过100万法郎的一克镭赠送给了她的实验室。她对一位女记者说："我认为在这个世界上，没有人应该因镭致富。镭是一种化学元素，它属于全人类。"

这些都对李远哲影响很深，他清楚地记得居里夫人说过的一句话："人类的知识属于人类所有，我不想把我研究的成果当作自己一个人的私产。"

李远哲经常在一些场合表明他的这种观点：

"科学是国际性的。"

"不同国别的科学家在交谈时，会有共同语言。"

"每个国家族裔在携手并进的过程中，利益是一致的。"

"科学研究是为造福全人类的，并不宜局限于狭隘的民族主义或任何特定的范围之中。"

"人类积累的智慧应该由人类共享。"

"种族语言不同当然会造成分歧，但现在生产力这么强盛，制造出很多器具文化，是全世界共享的。"

"20世纪末期，人类创造出来很多东西，是我们祖先没有的，我们都在共享。"

李远哲同居里夫人一样具有"兼济天下"的思想境界，他认为，在这个世界上，不论是科技成果，还是经验智慧，都没有专利，都是人类共同的财富。因为科学无国界，每一位科学家都应该为人类的和平、幸福贡献出智慧和力量。

2. 面向未来

随着科学技术的进步、工业化的发展和网络时代的到来，人类尤其是发达国家的人们的物质生活得到大幅度提高和改善，但是同时带来的能源危机、人口危机、文化危机和生态环境恶化也日益严重。对此,身为科学家的李远哲比一般人看得更清楚,认识得更透彻,考虑得更深远。他沉重地说:"随着人类社会对能源消耗的增加,我们逐渐地过度依赖地球上千万年慢慢累积的石油、煤、天然气等矿物燃料,除了燃烧产生的二氧化碳带来的温室效应、酸雨等问题外,在短短的二三百年内把地球上宝贵的矿物燃料挥霍殆尽,对我们的子子孙孙确实是很不负责任的事。"

他认为人口暴增、不同地区贫富差距的进一步加大和人类的活动带来的生态与环境的破坏已变成高度国际化的问题,这是人类必须共同面对的全球性的问题,这些问题如果不是全人类共同努力是根本无法解决的。尤其是网络时代人类的将来是构筑在全球化的政治、经济、文化与生态相交融、相渗透的体系中,每个国家与地区相互依赖,将变得尤为重要。不管我们愿意不愿意,我们生活的天地都是整个地球,人们都将生活在一个"地球村"里,而且地球上各地人民的命运从来也没有像今天这样紧密地联系在一起。这就是21世纪带给人类的挑战,需要全世界共同认真地面对。

李远哲指出,工业化国家的发展道路并不是整个人类可持续发展的康庄大道,他们的发展是以大量消耗能源、破坏生态平衡、污染大气环境为惨重代价的。美国人口虽只占有全球人口的5%,却在消耗着全球30%以上的能源。而未开发或开发的国家如果紧跟在发达国家后头努力追赶的话,也将毫无意义。因为发展中国家一旦经济飞速发展,伴随着高楼大厦而来的则是交通的阻塞和空气的污染。所以,这一段辛苦追赶的路程,就很可能是人类共同走向灭亡的路程。他提醒人们:我们的地球毕竟是有限的,不可能无限度地开发,也不可能无限地吸收人类生活产生的种种污染。居住在经济发达国家的人们已经不得不面对这样一个问题:我们现在这样生活,我们的国土、资源早已不堪其压力,如果世界上每一个国家、每一个人都像我们这样生活,我们的地球承受得了吗?我们的明天还会有灿烂的日出吗?

面对这种种不容乐观的现实,尤其是面对全球性的困境与危机,李远哲多次告诫人们:人类社会的发展已经不能够再像以往一样,在强烈的竞争中盲目地走下去。许多事是必须立即着手改进的,特别是能源的使用与它对环境恶化带来的一系列问题。为了能够使整个世界永续发展下去,我们必须提高能源的使用效率,开发新的能源,以减少我们对矿物燃料的过度依赖,并且仔细检讨人口政策与人类的活动对生态与环境造成的污染。他呼吁人们要"学会常常把全球的利益挂在心上,为此着想,为此行动",并且"在知识与技术的创造、发展与分享上,找出更合理的方式,使国际间盲目的经济竞争带来的负面因素转化为人类可持续发展所需要的共同合作与努力"。

从 20 世纪 70 年代后期开始,李远哲领导的实验室以及一些有识的科学家、研究机构，就已投入大量人力与物资，从事大气化学方面的研究和燃烧机理的研究，寻求新的能源，探索净化大气、改善环境的途径。同时，李远哲希望世界各国，特别是东南亚国家，进行生物技术研究与发展，创造经济发展的奇迹。世界各地要立足各地不同的生态与环境，既要科技进步、经济发展，也要蓝天白云、青山绿水，走出一条可持续发展的道路，从而实现整个人类的可持续发展。

1998 年夏，李远哲应邀回中国参加北京大学百年庆典，并做了题为《面对 21 世纪的挑战》的演讲，他最后满怀激情地说："新的世纪确是人类非常重要的转折点。这是人类有史以来，第一次全球各地的人需要像一家人一样，一同生活，一同工作。在这个地球村上，终于体会到我们生活的地球，无论空间、能量抑或是天然资源都是有限的……我们只有立足在自己生活的土地，放眼世界，努力教育我们的下一代，推动科学的研究与高科技的发展，尤其是把信息科技与生物科技的发展同大量减少对矿物燃料的依赖结合在一起，共同解决人类面临的重要问题，合理地分享有限的天然资源与发展的技术，真正的地球村的形成才能落实。这些是我们要面对的新世纪的挑战，我希望居住在亚洲的人们与世界各地的人共同奋斗，勇敢地接受这挑战。"

精辟的分析、精彩的演讲，赢得了经久不息的掌声。

李远哲的目光穿越时空，投向了未来……